Miguel Casado (ed.)

# Cuestiones de poética
# en la actual poesía en castellano

# NUEVO HISPANISMO

Dedicada a la producción crítica hispanista
a ambos lados del Atlántico, esta serie se propone:

• Acoger prioritariamente a la nueva promoción de hispanistas que,
a comienzos del siglo XXI, hereda y renueva las tradiciones académicas y
críticas, y empieza a forjar, gracias a su vocación dialógica, un horizonte
disciplinario menos autoritario
y más democrático

• Favorecer el espacio plural e inclusivo de trabajos que, además de calidad
analítica, documental y conceptual, demuestren voluntad innovadora y
exploratoria

• Proponer una biblioteca del pensar literario actual dedicada
al ensayo reflexivo, las lenguas transfronterizas, los estudios
interdisciplinarios y atlánticos, al debate y a la interpretación,
donde una generación de relevo crítico despliegue su teoría
y práctica de la lectura.

Miguel Casado (ed.)

# CUESTIONES DE POÉTICA
## EN LA ACTUAL POESÍA EN CASTELLANO

IBEROAMERICANA - VERVUERT - 2009

Bibliographic information published by Die Deutsche Nationalbibliothek.
Die Deutsche Nationalbibliothek lists this publication in the Deutsche
Nationalbibliografie; detailed bibliographic data are available on the Internet
at http://dnb.ddb.de

ISBN 978-84-8489-457-5 (Iberoamericana)
ISBN 978-3-86527-469-4 (Vervuert)

Depósito Legal: M-13097-2009

Diseño de cubierta: Carlos Zamora.

Este libro está impreso íntegramente en papel ecológico sin cloro.

# Índice

# NOTA PREVIA

Para hablar de la poesía, se ha partido a menudo –con variadas interpretaciones y en tonos distintos– de los célebres versos de Hölderlin:

> Pero el recuerdo
> lo da y lo quita el mar
> y el amor fija y rige la mirada.
> Lo que queda lo ordenan los poetas.

Son versos tan abiertos que evocan una extrema ambición, medular en toda poesía verdadera, y esbozan a la vez la humildad de la tarea poética. Cabría, según los momentos, inclinarse hacia un sentido de los que ofrecen esas palabras o hacia el otro, pero seguramente es en la síntesis de los dos, en su necesario conflicto, donde habría que situarse. Por una parte, opera la ambición: saber que la poesía establece los límites de la lengua, los amplía, explora sus posibilidades hasta las últimas consecuencias; es la necesidad invisible de la lengua, la oculta inscripción de su destino aún no consumado. Por otra, cada poeta no se encuentra nunca ante una misión de envergadura oceánica, sino ante unos materiales precarios, una aguda fragilidad: «lo que queda», dice Hölderlin que es el campo de trabajo. Yo lo leo ahora sintiendo el peso que esas tres palabras tienen, por ejemplo, en *Descripción de la mentira*, de Antonio Gamoneda[1], donde una y otra vez

---

[1] Así lo recuerda y analiza José Manuel Cuesta Abad en su ensayo recogido en este volumen.

se repiten: señalan un espacio residual, una condición de difícil super-vivencia. También recuerdo una reciente exposición colectiva de obras realizadas con basuras, que tenía ese mismo título, «Lo que queda». Así se llamaba igualmente una novela de Christa Wolf, y es difícil no evocar ante esta fórmula el mundo residual de Samuel Bec-kett, aliento que mueve tal vez toda la enumeración. *Lo que queda*: los harapos del poeta y el extraño poder de la poesía.

Quizá sea esta dualidad en su raíz la que concede su carácter espe-cífico a la poesía. Mientras resulta irreductible a las definiciones, es en cambio reconocible en la experiencia de lectura: no se puede definir, pero puede reconocerse. No la delimitan una frontera de género, una forma o una materia propias; más bien la constituye un estado de la lengua, un estado sometido al curso del tiempo, afilado en esa misma amenaza. Cuando reconocemos la poesía, es su intensidad, su radica-lidad lo que reconocemos, la de algo que sólo ocurre una vez –y así, igual de irrepetible, cada vez que ocurre–. Tan cercana, con las mis-mas palabras de cualquiera, y tan lejana como todo lo que es único.

Se podría decir entonces que no hay sistema, método, para plante-ar esta clase de dualidad, de conflicto; el poema se constituye como un hecho singular. Como ocurre con la vida, parece –a primera vista– fácil de abordar con generalizaciones, con categorías de casos y carac-teres, con conocimientos retóricos o psicológicos; aparenta tener un *tema,* un sentido, ir en alguna dirección. Pero, si nos detenemos, si somos capaces de fijar por un momento la mirada, no encontramos más que excepciones, desvíos respecto a cualquier ley; nos damos cuenta de que los códigos resultan inoperantes, ejercicios de simple-za; los supera una energía que rehúsa nombrarse con facilidad o someterse a control. Así vemos nuestra vida y las vidas más próximas a nosotros; así reaccionamos también ante los poemas que nos impre-sionan, que nos afectan.

Este carácter de la poesía nos llega al menos desde los orígenes de la poesía moderna. Cuando Friedrich Schlegel se propone, en los albores del Romanticismo, el estudio de la poesía griega, lo hace como intento de responder a una dificultad teórica de índole semejante:

> La teoría misma parece desesperar por completo de encontrar un punto fijo en el cambio sin fin. [...] Apenas se puede descubrir a primera vista

algo común en el conjunto [de la poesía moderna]; por no hablar ya de regularidad en su desarrollo, de determinados grados en su formación, de límites claros entre sus partes y de una unidad satisfactoria en su conjunto. En una serie consecutiva de poetas no se encuentra ninguna particularidad constante, y en el espíritu de obras coetáneas no hay relaciones comunes[2].

Son muy parecidas las palabras con las que Esperanza López Parada, en el primer ensayo de este volumen, describe las perplejidades de la crítica y de la teoría frente a la resistencia al sentido que distingue las poéticas actuales. Como lo son a su modo –y ello me ha llevado a disponer los textos así, al principio y al término del libro– las de Nora Catelli que lo cierran: la «forma esquiva», la continua búsqueda formal y, a la vez, la peculiar cualidad informe que su lectura detecta en las poéticas posteriores a Celan, digamos, las posteriores a 1970. Se diría que toda lectura crítica, toda reflexión con voluntad teórica frente a los poemas, lleva incorporada la pregunta de fondo acerca de la poesía, su permanente cuestionamiento.

Esta convicción me llevó a proponer el seminario que, sobre «cuestiones de poética en la actual poesía en castellano», se celebró en Madrid, en La Casa Encendida, en marzo de 2007, y cuyas intervenciones recoge el presente volumen[3]. El objetivo era impulsar la reflexión sobre la poesía, a la vez que se profundizaba en el conocimiento de la que se escribe hoy en castellano y se integraba este trabajo en el espacio más amplio de la reflexión estética contemporánea. Pedí a cada participante que partiera, de modo simultáneo, de poemas concretos y de la teoría, planteándose cuestiones de carácter general al tiempo que la lectura de textos poéticos de autores vivos, tanto españoles como latinoamericanos. Y busqué una diversidad entre los ponentes que implicara un enfoque multidisciplinar, un lugar de encuentro de la filosofía, la estética y el arte contemporáneos, así como de las tradiciones poéticas en otras lenguas.

---

[2] Friedrich Schelegel, *Sobre el estudio de la poesía griega* (traducción de Berta Raposo), Madrid: Akal, 1996, pp. 61-63.

[3] Únicamente no se recoge la ponencia de Julián Jiménez Heffernan sobre *lo pastoral* en la poesía de Carlos Piera; desarrollada entonces de manera oral, razones de trabajo le han impedido a su autor la resolución escrita.

No se trataba de desembocar en conclusiones, no se pretendía ni coherencia ni uniformidad, sino intensificar y profundizar las preguntas latentes, abrir vías de pensamiento, reunir tentativas plurales, asumir la condición colectiva –de suma disforme– que hoy tiene el conocimiento, aportar palabras nuevas a una poética en proceso. Ante las páginas aquí reunidas, compruebo que ésa fue la dirección, y que la pluralidad de los análisis, incluso las contradicciones entre unos y otros, vienen a potenciarlos. Así, mientras Antoni Marí entrega una lúcida revisión de las ideas estéticas de Baudelaire para ratificar la irrenunciable *autonomía* de los mundos poéticos, mi propia contribución trata de vislumbrar grietas en la propuesta clásica de la *autonomía*, aun asumiéndola como base, para inquirir formas nuevas de contacto entre poema y realidad. Pedro Provencio abre un debate sobre las explicaciones que ha recibido el verso libre hasta aquí y perfila alguno de los núcleos en que podría basarse un análisis que reconociera la *libertad* de ese verso. José Manuel Cuesta Abad y William Rowe integran la lectura de los poemas y el despliegue teórico en un solo cuerpo textual, sin límites internos, aunque manejan de modo muy distinto los pesos de la atención. Para Rowe la lectura directa incluye y desvela las propuestas teóricas de Rodolfo Hinostroza, mientras Cuesta Abad lleva la poesía de Antonio Gamoneda a un espacio de discusión con larga historia filosófica y retórica. Por fin, Amelia Gamoneda y Gonzalo Abril prefieren desglosar en sus intervenciones, de modo sucesivo, el diseño de un modelo teórico y la lectura (Olvido García Valdés, en el primer caso; Eloísa Otero, en el segundo); pero eligen caminos tan diversos como son las «escrituras del cuerpo», en la línea iniciada por los estudios de género, y el esbozo de una «poética del espacio», a partir de un montaje de contribuciones dispares como las de Lotman, Lakoff y Johnson, Benveniste o Bajtín. Aparecen, junto a los mencionados, otros poetas latinoamericanos –Eduardo Milán, Edgardo Dobry, José Watanabe, Liliana García Carril…– o españoles –Eloy Sánchez Rosillo, Miguel Suárez, María Antonia Ortega, Ildefonso Rodríguez…–, cuyos textos también se consideran, al lado de los de algunos *clásicos*: Cernuda o Gil de Biedma, Lezama, Olga Orozco o Westphalen…, sin agotar en ninguno de los casos la enumeración.

Todo pensamiento –y quizá más éste de la crítica, construido con las palabras de otros– viene a generar, si está vivo, un efecto de apertura; el desasosiego de las preguntas, más que la satisfacción de haber hallado presuntamente respuestas.

Hay muchas personas sin las que este libro no habría podido existir. En primer lugar, los autores, a quienes agradezco el entusiasmo con que asumieron la propuesta, y la buena disposición y la paciencia para convertir sus palabras durante el seminario en estos ensayos. La generosidad de La Casa Encendida ha hecho que todo esto fuera posible, con su apoyo global al proyecto y con su cuidadosa atención en cada circunstancia; vivamente se lo agradezco al director de La Casa, José Guirao, a Ignacio Cabrero y a Alba Ullán. William Rowe tomó como empresa personal la idea de publicar un volumen que recogiera el contenido del seminario y puso en marcha las gestiones que han conducido hasta aquí. Finalmente, la comprensión incondicional y la eficacia, el buen saber, de Julio Ortega permitieron completar la tarea. Gracias.

MIGUEL CASADO
*Toulouse, enero de 2008*

# Sentido y significado:
## *Algo tiene que decir, sin duda*
Esperanza López Parada

«Un arte razonable pero incomprensible»: la frase de Pascal con la que Lezama caracterizaba la poesía nos coloca de inmediato en la cuestión tan habitual de la inteligibilidad del poema, de cómo significa y articula sentido. Porque es evidente que no lo hace igual a otras escrituras, desde la noticia periodística al anuncio de publicidad. Hay ocasiones incluso que dudaríamos de la presencia de una significación; ocasiones en que el poema no lograría darnos la impresión de entonar —como diría Philippe Beck— «el canto físico de un sentido». Y de hecho, de darse, su contenido nos alcanza por otras vías —a veces hasta dudosas— que no son las informativas, habituales y reconocibles.

Sin embargo, no poder rastrear cómo un poema se las apaña para sembrar significación no implica que renuncie a ello. El poema no deja de tener sustancia por el hecho de que no seamos capaces de explicar de qué manera la produce. Y sabemos que en él hay una potencialidad de sentido porque notamos sus consecuencias o, mejor, sus efectos.

El significado de un texto poético parece estar siempre latente. No es fácilmente trasladable a una cadena sintagmática. Ofrece una seria oposición a «ser sustituido por predicados reales en el mismo plano del lenguaje»[1], a ser reconducido teóricamente y a permitirnos el regreso

---

[1] Hans Blumenberg, «Aproximación a una teoría de la inconceptuabilidad», en *Naufragio con espectador* (traducción de Jorge Vigil), Madrid: Antonio Machado Libros, 1995, p. 92.

hacia las expectativas de verdad que intuimos en él. Pero paradójicamente es operativo, proporciona rendimientos sobre el lector, que –también de una manera harto contradictoria– resultan cuantificables.

La frase de Gonzalo Rojas «El ojo no podría ver el sol / si él mismo no lo fuera» carece de una validez biológica, de valor científico verificable[2]. Pero puede prolongarse en especulaciones de largo recorrido y el ojo puede mirar luego «aire, cielo, fuego, agua, tierras, río» y ser, por lo tanto, nuevos y variados objetos vistos. El verso «confuso» dentro del poema se combina rentablemente y prolifera en nuevas construcciones «confusas».

La complejidad no termina sin embargo ahí y la cuestión de la inteligibilidad poética tropieza con otro gran obstáculo: el desajuste que se percibe inmediatamente entre la teorización y la suerte del poema mismo, que no es dócil, que se escapa de la primera –lo que podía constituir un rasgo importante de su semantismo: cómo el poema elude los esquemas de significación que se le atribuyen desde la crítica, desde la hermenéutica–. Escapa de acuerdo con tácticas heterogéneas, diversas, a veces particulares, pero tácticas observables, medibles, y que, a pesar de ello, son históricas. Podíamos entonces trazar la historia de cómo el poema va modificando sus hábitos de significación, cómo va enlazando sus recursos de oscuridad y proponiendo obstáculos a la tarea reductora de su descifrado.

1

Toda indagación sobre el sentido poético tendría que comenzar –a modo de aviso a navegantes o prueba de fuego– por uno de los poemas más misteriosos de nuestro idioma, un poema imposible, ejemplo del lenguaje oscuro –no del lenguaje aurático o sagrado, sino básicamente oculto– en que la poesía a veces consiste.

> Ah, que tú escapes en el instante
> en el que ya habías alcanzado tu definición mejor.
> Ah, mi amiga, que tú no quieras creer

---

    [2]  Gonzalo Rojas, «Uno escribe en el viento», en *Concierto. Antología poética (1935-2003)*, Barcelona: Galaxia Gutenberg/Círculo de Lectores, 2004, p. 124.

las preguntas de esa estrella recién cortada,
que va mojando sus puntas en otra estrella enemiga.
Ah, si pudiera ser cierto que a la hora del baño,
cuando en una misma agua discursiva
se bañan el inmóvil paisaje y los animales más finos:
antílopes, serpientes de pasos breves, de pasos evaporados,
parecen entre sueños, sin ansias levantar
los más extensos cabellos y el agua más recordada.
Ah, mi amiga, si en el puro mármol de los adioses
hubieras dejado la estatua que nos podía acompañar,
pues el viento, el viento gracioso,
se extiende como un gato para dejarse definir[3].

El poema, incluido por Lezama Lima en su *Filosofía del clavel* y construido como un misterio, el misterio de lo indefinible, demuestra en qué grado la oscuridad ocurre en este poeta en tanto verdadera elección personal: para él el hermetismo no es una condena ni el resultado de su ineficaz torpeza –como algunos consideraron en un rápido y despectivo vistazo de desaprobación–, sino una perseguida y consciente búsqueda o un modo de ser.

Sin embargo, la dificultad hermenéutica de su sentido no proviene de la complejidad de la sintaxis, de un laconismo heracliteano, de un léxico especial, cultista o sofisticado ni de una clave de inteligibilidad que nos haya sido cuidadosamente escamoteada, mecánicas habituales para engendrar una deliberada incomprensión. De hecho, no podemos proceder como con su modelo declarado, el Góngora de las *Soledades* cuyas alambicadas metáforas son susceptibles de traducción en tanto adivinanzas, restaurando así el original, recuperando «mesa» en la expresión gongorina «cuadrado pino» o «halcón» en lugar del «raudo torbellino de Noruega»[4].

Ahora no se trata de un juego sutil de sustituciones ni de un procedimiento tipificado de hermetismos. Lo primero oscuro de la poesía de Lezama es que no sabemos de dónde pueda provenir esa oscuridad y cómo él se las arregla para mantenerla más allá de toda

---

[3] José Lezama Lima, *Filosofía del clavel,* en *Poesía completa.* La Habana: Letras Cubanas, 1985, p. 23.
[4] Guillermo Sucre, *La máscara, la transparencia. Ensayos sobre poesía hispanoamericana,* Caracas: Monte Ávila, 1975, pp. 184-186.

manipulación descifradora –«La flota del vino desea que las aguas no la interpreten»–, del sistema de meras equivalencias satisfactorias, lógicas o no, simbólicas o comunes.

La dinámica poética de Lezama plantea, en cambio, una estrategia permanente del desvío, del escamoteo respecto a toda significación que se pretenda representativa, básica o nuclear. Así las oraciones se dejan suspensas y el discurrir de la enunciación, de repente, incoherentemente deriva hacia una posibilidad muy lateral y periférica. Es lo que Emilio Bejel ha denominado el recurso barroco de la «fuga semántica»: la construcción de cada verso del poema a partir de un *sema* marginal e inconsistente, proporcionado por el verso anterior[5]. Lo importante del recurso de la fuga es que estaría proponiendo como significado su pérdida, la huida de los modos de significar.

Esta ceremonia descentralizadora es tan importante que Fina García Marruz insiste en convertirla en una de las temáticas habituales de Lezama, junto a lo que implica: la relación testaruda con aquello que parece esquivarnos[6]. De hecho, los primeros versos constatan el diálogo –incumplido– con un «tú» al que el poema cree apelar y que precisamente se halla fuera de su radio de acción, desde el instante en que escapa justo cuando se iba a definir poéticamente.

Conocemos la guerra entablada por Lezama respecto a ese proceso esclerótico de la definición. Para él, el acto de definir operaba con la rigidez del taxidermista: apenas nos reporta otra cosa que un cadáver recompuesto.

La definición es asimismo una tarea arrogante e inútil –la vida fluye y es precisamente lo que no puede encerrarse en un sintagma–, incluso tautológica, al sustituir una palabra por un conjunto de palabras. La única definición factible es aquella que se declara fracasada o la que se extravía y se aparta de su objeto. «La poesía –por ejemplo– es un caracol nocturno en un rectángulo de agua» no es una definición sino una afirmación poética en la que tendríamos una oscuridad explicando oscuridad, un enigma para hablar de un enigma. Con ello, Lezama nos está ofreciendo otra mecánica de comprensión, ahora no

---

[5] Emilio Bejel, «Lezama o las equiprobabilidades del olvido», *Hispamérica*, 25-26 (1980), pp. 22-37.

[6] Fina García Marruz, «La poesía es un caracol nocturno (En torno a *Imagen y posibilidad*)», en Pedro Simón (ed.), *Recopilación de textos sobre José Lezama Lima*, La Habana: Casa de las Américas, pp. 243-275.

sincrética o racional, sino analógica: un acercamiento mimético a la cosa, una especie de comparación vocal, la danza o la mímica, la escenografía y el decorado estético del significado.

La forma importa para la explicación del contenido en la medida en que es el contenido mismo. La huida, en el ejemplo que nos ocupa, se ve definida desde lo formal del poema, desde la escapada sémica de sus versos y la inestabilidad de sus significados.

La imagen, totalmente arbitraria, de la estrella cortada que moja sus puntas, nos introduce en el campo léxico –sólo lateralmente insinuado– del agua, que organiza las imágenes siguientes: los «pasos breves, pasos evaporados» de antílopes y serpientes y la hora más peligrosa de la vida selvática, la hora del baño, cuando los animales que se lavan y abrevan están alerta para escapar –de nuevo la huida– ante el más mínimo riesgo de un depredador. Son estas «escapadas» formales y temáticas del poema las que lo dirigen, por contraste, hacia el mármol estático del adiós, hacia el frío y «congelado» acto de la despedida. La fuga –que es el tema del poema, el núcleo disperso que lo imbrica y compromete, tanto en su forma como en su estructura o en su mismo discurrir– corresponde en el final al viento gracioso que se estira como el gato para dejarse definir. El poema se concluye con el misterio que lo había hecho arrancar: el misterio de la maltrecha definición de las cosas o de la forma significativa con la que, sin resultado, se intenta expresar lo que está hecho para escurrirse, evaporarse, desvanecerse. Por eso, la amiga anónima, ese tú innombrado e innombrable, emprende su huida en el segundo en que se empezaba a definir. El poema no explica si huye por eso o es por esa huida como alcanza su definición mejor; si al escapar de todo juicio o adjetivación, de toda nomenclatura y de cualquier nombre, al escapar del significado que insiste en definirnos, somos realmente más nosotros.

2

De este modo, el poema no articula un inefable, un indecible, sino un indecidible, tal y como dictaminara Paul de Man[7] en el gesto derrota-

---

[7] Paul de Man, «Image and Emblem in Yeats», «Symbolic Landscape in Wordsworth and Yeats», en *The Rhetoric of Romaticism*, New York: Columbia University Press, 1984, pp. 145-239 y 125-143.

do de un análisis que comenzaba con el verso de Yeats –«¿En qué puede distinguirse la danzarina de la danza?»– y concluía en la condición de aporía a la que se aboca toda interpretación: una situación de indecibilidad o indecisión resultante según la cual no podemos determinar si el poema realmente pregunta o si lo que nos ofrece es una interrogación retórica sobre la indisolubilidad de referente y nombre, sobre que, en efecto, la danza no puede separarse de quien la baila o el verso del avatar, ritmo y baile con que se articula. Y el poema, lejos de solventar sus propias dudas, se instala en ese lugar indeciso, en esa tierra de nadie, originada por la categoría ambigua e inconmensurable de cada uno de sus elementos.

Antes que por lo representativo –lugar de la narrativa–, la poesía se interesa entonces por el problema de la definición y de la significancia, o mejor por el problema previo de la decisión del significado: la poesía se coloca en el momento anterior al proceso de significar. «¿Qué es lo que quiere decir?» resulta una reacción genuina y honesta ante mucha producción contemporánea. Reacción que no pretende aclarar si el poema dice y cómo lo dice, más bien pregunta si hay en él una verdadera y primaria vocación de discurso, de comunicación y sentido.

Todo poema plantea este problema de decisión. Ante él, tendremos que elegir si significa o no, si algo dice de alguna manera o, en realidad, se articula como un acertijo para incautos; si propende a la solemnidad del sentido o esboza una obviedad. El poema corre el peligro –en la explicación que Derrida hace de lo poético– de «no decir nada y nada diría sin correr ese peligro». Esto es, se escribe a partir de una infrasignificación que puede resultar potencialmente significativa y que sólo lo sería por su condición fundante de «nadería» posible.

Ambas soluciones son legítimas –lo banal, la expresión–, dentro de una indecibilidad irresuelta que es –convengamos con Paul de Man– el estado nativo de un texto. Su naturaleza real es, más que lo dicho, este «querer decir» imprevisible e impredecible de un ejemplo de Eduardo Milán:

> «Mundo» ya es inaprensible,
> fragmentos son aprensibles,
> por pedazos sí se puede llegar cerca,

por partes lo máximo posible. Más una imagen,
más un esfuerzo de imaginación el acto
de hacerlo aparecer completa flor, fruta
no mordida, no estallada allá entre ellos.
Una cosa se abre paso entre conceptos:
estamos más lejos que antes unos
de otros aunque indique lo contrario
todo, con el índice. Eso significa.
Aunque «significa» también, por ese tiempo
de lo que se oculta demasiado tanto,
es peso pesado. Mejor «quiere decir».
Preocupa a cualquier cristiano, crea o no,
si realmente «quiere decir», si no es otra
frase hecha que ha perdido fecha,
día, instante, lugar, primera boca.
Y si «quiere», si de veras «quiere»[8].

La palabra «significar», de acuerdo con este texto, tiene un contenido denotativo y deíctico: no se distingue ni puede aportar más que el gesto del índice con el que se señala, la significación no es sino una marca escasa. En medio suyo, a través de sus desvalidos conceptos, se abre paso, innominada, inaprensible, la cosa real. A esa palabra minusválida, «significar», el poema es extraño, porque su dominio es sólo el de lo volitivo, la situación vocacionalmente tendida hacia un sentido, la voluntad de significar, antes que el significado mismo. La significancia poética es significación no cumplida, siempre potencial, siempre buscada y «querida», requerida en la tensión irresuelta del fracaso de esa búsqueda.

Digamos que la significación es una tarea improbable y abierta en el poema y que éste soporta la terrible responsabilidad de articularla. Esa imposición o convención de sentido que se le exige a la poesía como su mayor deber genérico lleva al lector a acercarse a ella, seguro de que encontrará riquezas, de que la poesía es necesariamente sagrada, aleccionadora y contenidista. Nos hemos convencido de que incluso formas casi ascéticas, el haiku, el poema visual, las construcciones vanguardistas del imaginismo deben proporcionar un momen-

---

[8] Eduardo Milán, *Por momentos la palabra entera*, Santa Cruz de Tenerife: Idea, 2005, p. 43.

to epifánico, tienen la obligación de suministrarnos el instante de revelación, la percepción privilegiada de un paisaje interior que se vería a través de la banal primera superficie, convertida ahora en el disfraz de una profundidad. El ejemplo básico de esta situación de lectura lo proporciona para Jonathan Culler el poema «This is just to say» de William Carlos Williams:

I have eaten
the plums
that were in
the icebox

and which
you were probably
saving
for breakfast

Forgive me
they were delicious
so sweet
and so cold[9].

El poema de Williams proviene de una modalidad de escritura mínima, del sistema de notas o recados con que advertiríamos a un amigo que nos hemos devorado su comida. Pero, desde esa estructura escrita, circunstancial y sencillísima, el texto consigue contrastar las reglas sociales –y una educación básica según la cual no está bien vaciarle la despensa al anfitrión que nos cobija– con el placer de la comida furtiva y jugosa por la que se piden forzadas disculpas. El verbo «forgive», en lugar del coloquial «sorry», introduce un componente de distancia y gravedad que, en realidad, percibimos juguetón o ambiguo. Culler siente cómo el valor del texto transciende su parcial contingencia, transciende su referencia más inmediata y sólo puede

---

[9] «Es para avisarte / que me comí / las ciruelas / de la nevera / que tú seguro / guardabas/ para el desayuno / Discúlpame / Estaban deliciosas / tan frescas / y tan dulces» (traducción mía), Williams Carlos Williams, *The Collected Poems of William Carlos Williams, vol. I: 1909-1939* (ed. de Walton Linz y Christopher Macgowan), New York: New Directions, 1986, p. 372.

ser captado en «negativo», a través de lo que no dice, mediante el aparente simplismo de su materia. El sentido sólo es una sombra, visible en la ausencia y en el conflicto receptor de su sola supuesta insignificancia[10]. De la misma forma, un díptico de Milán encierra en la inmediatez de sus dos versos un juego cruzado de autorreferencias:

> La mariposa y la pregunta
> ¿siempre van juntas?[11]

Para Eduardo Milán, la poesía es un «decir frágil» que suele tener que explicitar sus presupuestos y que se construye con esa toma de conciencia interior. El poema, por ejemplo, ha conformado sus imágenes de modo solitario, autónomo y sin precedentes que las avalen –¿desde cuándo mariposa y pregunta son dos realidades indisolubles?– y a continuación se interroga por esos elementos que él mismo ha hecho entrar en el juego, un juego además marcadamente claustrofóbico, porque la pregunta que acompaña siempre a la mariposa ¿no es la pregunta sobre por qué siempre la acompaña? O dicho de otro modo, ¿es acaso la pregunta que siempre va con la mariposa la que pregunta si siempre van juntas? El retruécano encierra el texto en su propio proceso especulativo. Con ello, el sistema resulta autotélico, autocreado y elabora en paralelo su reflexión; reflexión, por otra parte, forzada sobre una analogía artificial. En realidad, la pregunta del segundo verso es interior, dependiente del primero, sin verdad afuera ni respuesta posible sino dentro del sistema que la enuncia. El significado que se deriva de ahí tampoco conseguirá ser externo,

---

[10] «To write a poem is to claim significance or some sort for the verbal construct one produces, and the reader approaches a poem with the assumption that however brief it may appear it must contain, at least implicitly, potential riches which make it worthy of his attention. Reading a poem thus becomes a process we call upon a variety of operations which have come to form part of the institution of poetry. [...] The first might be stated as attempt to read any brief descriptive lyric as a moment of epiphany. If an object or situation is the focus of a poem, that implies, by convention, that is especially important: the objective correlative of an intense emotion or the locus of a moment of revelation. This applies particularly to imagist poems, haiku and other brief poems which allow the lyric form to assert their importance» (Jonathan Culler, *Structuralist Poetics*, London/New York, Routledge, 2002, pp. 204-205).

[11] Eduardo Milán, «Enigma para Aníbal Núñez», en *Por momentos la palabra entera*, Santa Cruz de Tenerife: Idea, 2005, p. 75.

ajeno, referencial y no tendrá otro radio de validez que el del poema
que se interroga por él.

Obligado por los deberes de la significación, por la pregunta por
el significado, el poema explora inclemente sus propias posibilidades
de significar: otra convención que se le impone entre sus prerrogati-
vas modernas. De ahí que casi toda la poesía contemporánea contenga importantes dosis de metapoesía y el sentido poético adopte
entonces la forma «de una reflexión sobre el poema»[12].

> Adentro, afuera y ambigüedad
> que parecería resolverlo todo
> lingüísticamente.
> El pájaro no tiene adentro ni afuera
> ni ambigüedad posible: canto
> es canto. Luego que interpreten,
> vuelo es vuelo. Yo, que busco
> cinco patas al canto, cinco al vuelo,
> total de diez patas al pájaro [...][13].

3

Desde la vanguardia, entonces, el «motivo del poema parece ser el
poema» en exclusividad, tal y como lo decidiera Wallace Stevens, con-
virtiéndose así en un ejercicio autosuficiente y autárquico que no pide
ni necesita nada, ni depende de instancias exteriores para exponerse.

Esto implica que cada poema funcionaría como guía del poema,
ofreciendo sus instrucciones de uso, su manual de lectura y comunicando el sistema que permite dicha comunicación, su gramática y su
estrategia operativa[14]. El poema constituye un código en diminuto
para interpretarse a sí mismo y un modelo de lenguaje que «dice en»

---

[12] Jonathan Culler, *Structuralist Poetics, op. cit.*, p. 207.
[13] Eduardo Milán, *Habla (Noventa poemas)*, Valencia: Pre-textos, 2005, p. 98.
[14] En esta línea se expresan María Corti (*Principi della comunicazione letteraria*,
Milano: Bompiani, 1976) y Michel Riffaterre (*La production du texte*, Paris: Seuil,
1979). Véase también José María Pozuelo Yvancos, «Pragmática, poesía y metapoesía
en *El poeta* de Vicente Aleixandre», en *Teorías sobre la lírica*, Madrid: ARCO, 1999,
pp. 177-203.

y «se expresa» para ese poema, sin transferencia a situaciones ulteriores. Es decir, se presenta en cuanto muestra de un acto de habla único, con su mecánica de gestión, sus reglas básicas y su sintaxis. Podemos percibirlo de modo muy claro en un sugerente poema de Huidobro titulado «En» y perteneciente al libro *Ver y palpar*:

> El corazón del pájaro
> El corazón que brilla en el pájaro
> El corazón de la noche
> La noche del pájaro
> El pájaro del corazón de la noche
>
> Si la noche cantara en el pájaro
> En el pájaro olvidado en el cielo
> El cielo perdido en la noche
> Te diría lo que hay en el corazón que brilla en el pájaro
>
> La noche perdida en el cielo
> El cielo perdido en el pájaro
> El pájaro perdido en el olvido del pájaro
> La noche perdida en la noche
> El cielo perdido en el cielo
>
> Pero el corazón es el corazón del corazón
> Y habla por la boca del corazón[15].

Como en el ejemplo previo de Milán, el poema de Huidobro funciona en calidad de inevitable metapoema. Tradicionalmente, la metáfora que lo domina, el pájaro, se ha querido un trasunto del canto o del texto que gira en redondo para hablar de sí. De hecho, su movimiento es estrictamente centrípeto, reduciéndose al circuito cerrado de la escritura que se expande y se repliega sucesivamente. Cada verso se desencadena desde los anteriores, al incorporar palabras y modificar la expresión de los que lo preceden. Como si fueran muñecas rusas idiomáticas, los vocablos salen unos de otros y cada imagen se despliega en las siguientes, dentro de una especie de continuo poético

---

[15] Vicente Huidobro, «En» (*Ver y palpar*), en *Obra poética* (ed. crítica de Cedomil Goic), Madrid *et al.*: ALLCA XX, Col. Archivos, 2003, p. 985.

que sólo gira encerrado en la inmanencia de esa partícula «en» con la que se titula.

«En» es un término de relación, nunca significativo por sí solo ni jamás semánticamente relevante, salvo en la lingüística generativa que hace con él lo que hace el poema: apreciarlo por el trabajo preposicional y conectivo que encabeza. Según Guillermo Sucre, Huidobro sugiere desde el título que un poema no es significación, sino una estructura, una trama, un sistema de relaciones[16]. Esa estructura pone en órbita un conjunto de elementos constantes (corazón/pájaro/noche; brillar/cantar; olvidado/olvido; perdido/pérdida; decir/hablar) con sus instrucciones de empleo, igual que un manual léxico o una gramática minúscula y el poema casi parece, efectivamente, esos cuadros de uso en los textos pedagógicos para la enseñanza de extranjeros[17].

Todos esos elementos, redundantes, repetitivos, se amplían y se combinan entre sí sin otra referencia: lo real está en y no fuera de ellos. El poema insinuaría en algún momento la tentación de sentido, la revelación de lo que «hay en el corazón del pájaro»; pero ese enigma por desvelar difiere su solución en el juego idiomático del texto, como si fuera irresoluble salvo para la palabra que propone el enigma. Por eso el poema opta con esa tautología final («Pero el corazón es el corazón del corazón / Y habla por la boca del corazón») que equivale al «canto es canto» de Eduardo Milán. La tautología está semánticamente prohibida en la retórica convencional, porque equivale a una claudicación, al «hablar por hablar» del discurso glosolálico. Es un «decir igual a lo que se dice» que no parece conducir a parte alguna, sino a la celebración de la autorreferencialidad como única salida para el desafío del significante.

El poema se autogenera desde la partícula elemental del idioma, desde la preposición conectiva y su significado radica exclusivamente en el desenvolverse lingüístico a partir de sí, no comunicando entonces otra cosa sino «a sí mismo en sí mismo».

---

[16] Guillermo Sucre, La máscara, la transparencia..., op. cit., p. 126.
[17] Un cuadro de usos del tipo: «Ir en coche/en pantalones/en grupo», pero «ir al colegio/a pie/a ciegas». De hecho, algunos de los versos se podrían leer precedidos de ese EN y otros, a modo de ejemplo, resultarían agramaticales y por tanto inutilizables.

Algo semejante sostendrá Hans Georg Gadamer para resolver la cuestión dramática de la significación lírica[18]. En realidad, desde su solución hermenéutica, lo que puede entenderse en un poema es el lenguaje mismo, la experiencia viva de la lengua. Ante la expresividad privada del verso, ante sus modos particulares y casi cifrados de decir, Gadamer confiaba en el lenguaje como único fenómeno de sentido: en el texto, el "ser que puede ser comprendido es lenguaje" y lo que a través de él, a través de su textura idiomática adviene, es lo único que podemos desentrañar. Es decir, la comprensión es una sensación circularmente lingüística y lo que entendemos es el propio instrumento de comprensión.

Toda la vanguardia –y Huidobro más que nadie– derivará el problema del sentido hacia la indagación subsidiaria del idioma del poema. Saúl Yurkiévich lo describe como una verdadera guerra especulativa de la lengua contra la lengua, una empresa abismal, claustrofóbica y lógicamente abocada a la derrota[19]. A partir de la división saussuriana en «lengua» –el código abstracto, la institución coercitiva, la normativa absoluta– y «habla» –la puesta en marcha particular e irrepetible, la acción concreta y encarnada–, Huidobro investigaría, dentro del terreno que el verso despliega, en los modos particulares lingüísticos para, singularizándolos al máximo, concretándolos cada vez más puntualmente, atentar contra el idioma mediante el uso, contra el lenguaje mediante el habla. El resultado es la generación de un idiolecto, el idioma de un solo hablante, productor de una comunicación única. A esto se referiría quizá Francis Ponge, cuando lamenta que los poetas se empeñen en no emplear la lengua, es decir, se obstinen en producir una variante propia, temporal, amañada y, a veces de tan propia, incomprensible de la lengua. La poesía contemporánea se ha compartimentado y fragmentado en la construcción de lenguas privadas.

---

[18] «En el poema no sólo se consuma la producción de sentido duradero en la palabra que se exhala, sino que en él adquiere duración la presencia sensorial de la palabra. ¿Qué es lo que convierte al lenguaje en una presencia tal, que adquiere para sí coexistencia y duración?», Hans-Georg Gadamer, *Poema y diálogo* (traducción de Daniel Najmías y Juan Navarro), Barcelona: Gedisa, 1993, p. 144.
[19] Saúl Yurkiévich, «Vicente Huidobro», en *Fundadores de la nueva poesía contemporánea: Vallejo, Huidobro, Borges, Girondo, Neruda, Paz, Lezama Lima*, Barcelona: Ariel, 1984, p. 87

El poema sería entonces ese idiolecto que formula sus reglas a la vez que las practica para el acto solitario que él pone en escena.

4

En cuanto intransferible, esta manera privada de la lengua poética –de las lenguas poéticas, porque esa privacidad multiplica babélicamente la posibilidad de un solo idioma universal– no es homologable en sus manifestaciones, no puede construir sistema, sino dispersión. Por eso también la teoría fracasa en su análisis, porque no puede estudiarse en tanto abstracción ni globalidad, tan sólo rastrearse como casuística. Puedo levantar censo de los actos únicos que los poemas son, pero no especular con ellos o abstraerlos en una exégesis global, puesto que cada poema declara su propia gramática.

> Las palabras no nos reflejan como los espejos, así exactamente,
> pero quisiera.
> Escribo con una pregunta obsesiva en las orejas:
> ¿es ésta la palabra exacta o es el amague de otra
> que viene
>                    no más bella sino más especular?
> Por esta inseguridad
> tarjo,
> toda la noche tarjo, y en el espejo que aún porfío
> sólo queda una figura borrosa, mutilada, malograda.
> [...]
> Los versos que irreprimiblemente tarjo
>                    se llevarán siempre mi poema[20].

Es decir, que ante este exceso de responsabilidad del poema moderno, ante su constitución íntegra de gramática, léxico y acto de habla a la vez, la crítica literaria se disgrega en acercamientos parciales o se desinteresa por una exégesis global del género.

Si se le compara con el vigor que, en un preciso instante del XX, alcanzaron modas como la semiótica teatral o la narratología aplicada

---

[20] José Watanabe, «Los versos que tarjo» (*El huso de la palabra*, 1989), en *Elogio del refrenamiento*, Sevilla: Renacimiento, 2003, p. 39.

al relato breve, al cuento tradicional o a la novela, desde la estilística y el primer formalismo, el poema no tiene escuela teórica que lo haya escogido actualmente como objeto preferente de estudio. La orientación prioritaria de las investigaciones académicas hacia manifestaciones marginales, transversales o interdisciplinarias de creación ha restado alicientes para el trabajo con una modalidad tan soberbiamente atada a su propia suerte y al espacio por ella diseñado.

Y mientras que los estudios poéticos abundan en número, adolecen sin embargo de una cierta dispersión, de un carácter descriptivo que no consigue articularse en sistema o en poética general. La perspectiva de análisis se ha limitado, sin transcenderlo, al cómputo de lo «verbal, de las estructuras composicionales o de lugares tropológicos heredados de la vieja consideración del *ornatos* retórico»[21].

Pasando al terreno de la hermenéutica y sin querer disminuir su confrontación con la crítica literaria, confrontación que, inevitable, nos configura[22], tampoco aquélla sale bien parada cuando, inclinada sobre la oscuridad de textos poéticamente silenciosos, convierte su perplejidad en el primer apunte del comentario en torno a éstos. Ante las propuestas herméticas de la lírica del siglo XX, la hermeneusis claudica con el reconocimiento de su imposibilidad y la admisión de su derrota.

La afirmación de que «sobre la poesía no se puede hablar» parece la conclusión máxima, la cosecha del poema contemporáneo que, con su reticencia, acalla el lenguaje crítico, lo aboca a un silencio, no sólo en tanto retirada, sino como su mayor constituyente. En la tesis segunda de Adorno, la oscuridad propicia el sentido, ocultándolo. El lenguaje poético participa del lenguaje sagrado porque revela en medida proporcional a lo que esconde, porque necesita un secreto numinoso que sostenga sus porciones de claridad. Lo que ocurriría como una excepción, el escándalo del círculo hermenéutico —escándalo por el que quien interpretaba zanjaba la cuestión declarándose

---

[21] José María Pozuelo Yvancos, «Pragmática, poesía y metapoesía en *El poeta* de Vicente Aleixandre», *op. cit.,* p. 177.

[22] «Los antropólogos dicen que las situaciones culturales, incluso las del tipo más ordinario, pueden involucrar un conflicto de códigos o idiomas que no puede ser resuelto, sino que permanece como parte del drama, la dinámica cultural. La separación entre la crítica de estilo sencillo y la especulación hermenéutica puede expresar tal conflicto de idiomas, que debe ser estudiado antes de ser condenado», Geoffrey Hartman, «Pasado y presente», en *Lectura y creación*, Madrid: Tecnos, 1991, p. 101.

incapaz de interpretar–, se eleva a condición cotidiana: lo que impide la intelección se incorpora en tanto parte indisoluble de ésta y el crítico acepta la imposibilidad como el condicionante más elocuente de la explicación, no ya el precio o la cuota[23].

«Algo tiene que decir sin duda» era la dubitativa convicción con que Wittgenstein acogía los inabarcables poemas del hermético, oscuro, inasible poeta vienés Georg Trakl. Éste parecía al filósofo un creador genial, aún a pesar de confesar no entenderlo. Admitía en su escritura algo «demasiado hondo», una presencia incomprensible, haciéndose palpable en medio de lo inteligible y literal de cada verso. Algo se decía ahí, por supuesto, aunque no fuera posible detectar el qué e implicara un sentido en tanto éste permaneciera indescifrable.

En efecto, en la obra de Trakl se advierten dos niveles, dos voluntades que no siempre colaboran: el nivel de comprensión de uno de sus poemas no tiene por qué coincidir con el de su verdadero valor, con esa insinuación que se intuye por debajo, en medio del texto, como una de sus promesas.

Es Geoffrey Hartman el que considera definitoria esa disyuntiva, ya que decide precisamente –en su indecisión– la lectura del poema contemporáneo. Ante él, sabemos que algo dice y que algo más, inefable, podría estar diciéndose de modo transversal, oculto e incluso contrario a lo que es dicho: esa diferencia constituye «nuestra mayor profundidad» o nuestra única significación alcanzable. Es una diferencia que genera otras distancias: la distancia entre literalidad y literariedad –que coloca al poema más allá de otras indagaciones estilísticas o formales–, entre decir y querer decir, entre significado –como lo morfológico, textual, incluso icónico o directo– y sentido –esto es, lo potencial, insinuado, fantasmático, imaginario, deseado–. A la filología, preocupada por los primeros –por los significados– los segundos –los sentidos– se le escapan. Igual que en el poema de Lezama, se le escurre esta manera de decir escondida de un discurso ahora necesariamente doble.

---

[23] El análisis de Paul de Man que citábamos es un célebre ejemplo, al hacer de la indecisión suscitada por la pregunta de Yeats el resultado de cualquier indagación que se le dirija. Y concluye con la condición de aporía que sufre toda interpretación. Sería entonces síntoma preclaro de esa crisis exegética que finalmente renuncia, incorpora la renuncia a su proceso y hace de la derrota una virtud.

Y si la hermenéutica clásica actuaba reduciendo esa distancia, el poema contemporáneo exige de ella el reconocimiento de la lejanía y la necesidad de integrarla como parte de cualquier proceso de comprensión. De hecho, dicha distancia es perseguible, se puede fechar históricamente y es incluso visible desde la diacronía de su aceptación.

5

Hay un poema de José Watanabe que nos puede ilustrar sobre esta dinámica de la separación, sobre la evolución histórica por la que un poema deja de decir lo que dice. Se trata de un ejemplo brevísimo «La jarra» de su reciente libro, *Banderas detrás de la niebla*:

> La jarra
> permaneció un instante
> en silencio
> inclinada
> como una mujer pensativa.
> Luego prosiguió hasta quebrarse
> en el piso
> como una mujer pensativa[24].

Tradicional y simbólicamente, el vaso, la jarra o el recipiente han escenificado en el poema este debate que le es intrínseco entre forma y contenido, entre el modo en que un lenguaje se vincula con una significación: lo ha escenificado, a veces, llegando a acuerdos de convergencia, estabilidad e incluso armonía. En el famosísimo momento de «Burnt Norton» en el que Eliot percibe la débil sustancia de las palabras, su predisposición a quebrarse, el jarrón se insinúa, en contrapartida, como forma redonda, que ha conquistado un antiguo equilibrio entre «dentro-fuera», entre referencialidad externa y ahondada vida interior. Frente a lo perdidizo, extraviado del lenguaje, el jarrón es un molde perfecto de coordinación y movimiento, una especie de superación inmóvil de los contrarios en la fórmula de la porcelana.

---

[24] José Watanabe, «La jarra», en *Banderas detrás de la niebla,* Valencia: Pre-textos, 2006, p. 42.

Words move, music moves
Only in time; but that which is only living
Can only die. Words, after speech, reach
Into the silence. Only by the form, the pattern,
Can words or music reach
The stillness, as a Chinese jar still
Moves perpetually in its stillness[25].

Desde Matthiessen, el primero en establecer la relación, el verso de Eliot convoca de inmediato el recuerdo de un poema de Wallace Stevens, «Anécdota de la Jarra», en que la compacta estabilidad de ésta, su ser en la plenitud sin tiempo, sin ambigüedades y sin grietas de un significado estático, se extienden al contexto, al paisaje resuelto, ahora también, en redondez y contenido.

I placed a jar in Tennessee,
And round it was, upon a hill.
It made the slovenly wilderness
Surround that hill.

The wilderness rose up to it,
And sprawled around, no longer wild.
The jar was round upon the ground
And tall and of a port in air.

---

[25] «Not the stillness of the violin, while the note lasts, / Not that only, but the co-existence, / Or say that the end precedes the beginning, / And the end and the beginning were always there / Before the beginning and after the end. / And all is always now. Words strain, / Crack and sometimes break, under the burden, / Under the tension, slip, slide, perish, / Decay with imprecision, will not stay in place, / Will not stay still» («Las palabras se mueven, la música se mueve / Sólo en el tiempo; mas lo que sólo vive / Puede sólo morir. Las palabras, después del discurso, logran / Ingresar en el silencio. Sólo por la forma, la norma / pueden la música o las palabras lograr / La quietud, como un jarrón chino / En su quietud se mueve perpetuamente. / No la quietud del violín, mientras dura la nota, / No es sólo, la co-existencia, / es decir, que el fin precede al principio, / Y el fin y el principio estaban siempre allá / Antes del principio y después del fin. / Y todo es siempre ahora. Las palabras, en su esfuerzo, / Se hienden y a veces se rompen, bajo la carga / Bajo la tensión, resbalan, se deslizan, perecen, / Decaen con imprecisión, no permanecerán en su puesto, / No permanecerán quietas»), T. S. Eliot, «Burnt Norton», en *Cuatro cuartetos* (ed. bilingüe, versión y notas de José Gaos), Barcelona: Barral, 1971, p. 51.

If took dominion everywhere.
The jar was gray and bare.
It did not give of bird or bush,
Like nothing else in Tennessee[26].

El vaso deriva su sentido, su significado como tal, de su condición recipiendaria, de lo que contiene. En la Alquimia, en la Cábala, en el Talmud, encierra un tesoro y, abierto en cuenco, indica una disponibilidad a la recepción, a llenarse de sustancialidad y fuerza. Es un depósito que obtiene de su función su razón de ser, en dinámica de perfecta correspondencia entre figura, perfil y contención. Repite la relación *forma/sustancia* que, para la lingüística de Hjelmslev, actuaba correlativamente cuando la primera divide, determina y vuelve comprensible el continuo amorfo de la segunda.

La sustancia, a su vez, escapa, huye, se fuga y precisa de un límite que la realice, la concrete o la fije en este mundo de materias disueltas, agua, hombre, alma o sentido. Es decir que el vaso, *vaso providente* de José Gorostiza, es además la imagen del trabajo mismo de significación: una tarea por la que el hablante divide el amplio e inasible corpus de los contenidos mediante su bautismo en el idioma y, de este modo, con el esqueleto esclerótico de las nominaciones, congela, coagula, estrecha hasta el ahogo del borde del vaso lo que sólo existe en su condición inaprensible, en su condición huidiza.

En el rigor del vaso que la aclara,
el agua toma forma
–ciertamente.
[...]
En el nítido rostro sin facciones
el agua, poseída,
siente cuajar la máscara de espejos
que el dibujo del vaso le procura.

---

[26] «Puse un cántaro en Tennessee, / Y era redondo, sobre una colina. / Hizo que el tosco páramo / Sitiara la colina. // Tendido alrededor, ya no salvaje, / Hasta allí subió el páramo. / Era redondo el cántaro en la tierra, / Alto, con aire noble. // Y tomó posesión por todas partes. / Desnudo y gris era aquel cántaro. / No daba pájaro o arbusto / Como lo daba todo en Tennessee», Wallace Stevens, «Anecdote of the Jar» (*Harmonium*), en *De la simple existencia. Antología poética* (ed. bilingüe de Andrés Sánchez Robayna), Barcelona: Galaxia Gutenberg/Círculo de Lectores, 2003, pp. 78-79.

Ha encontrado, por fin,
en su correr sonámbulo,
una bella, puntual fisonomía.
Ya puede estar de pie frente a las cosas.
Ya es, ella también, aunque por arte
de estas limpias metáforas cruzadas,
un encendido vaso de figuras[27].

En ocasiones, no obstante, incluso dentro del mismo sublime poema de Gorostiza, el vaso puede representar lo opuesto, la guerra de la materia o de lo innominado contra las imposiciones moldeadoras de la forma, el rígido esquema del nombre, la precisa coyuntura de la palabra. La forma, que transfigura el objeto, supone lo que incluso Lezama Lima llamaría «reducción», porque lo hace tangible y, a la vez, lo quiebra en fragmentos[28]. Una forma es una *ruptura* impuesta sobre la *materia*.

En la red de cristal que la estrangula
el agua toma forma,
[...].
Pero el vaso
–a su vez–
cede a la informe condición del agua
a fin de que –a su vez– la forma misma,
la forma en sí, que está en el duro vaso
sosteniendo el rencor de su dureza
y está en el agua de aguijada espuma
como presagio cierto de reposo,
se pueda sustraer al vaso de agua;
un instante, no más,

---

[27] José Gorostiza, *Muerte sin fin*, en *Poesía y poética* (ed. crítica de Edelmira Ramírez), Madrid *et al.*: ALLCA XX, Col. Archivos, 1988, p. 76.

[28] «¿La salud del objeto es su posible reducción / a forma? ¿El acabado alcanza su transfiguración / en la forma? ¿La forma es un objeto? / ¿El objeto creado por la forma es un fragmento? [...] / Es la materia la que reclama su excepción/ si el contrapunteo de los dedos está quieto en su humildad. / Si la ruptura comienza por prescindir de la materia, / el capricho se hace sucesivo y se regala en la proliferación. / La resistencia de la materia tiene que ser desconocida/ y la potencia cognoscente se vuelve misteriosa como la materia en su humildad», José Lezama Lima, «Dador», en *Poesía completa*. La Habana, Letras Cubanas, 1985, pp. 558-559.

no más que el mínimo
perpetuo instante del quebranto,
cuando la forma en sí, la pura forma,
se abandona al designio de su muerte[29].

En todos estos casos el proceso de referencialidad sigue activo, vigente, es posible atar el contenido a lo formal que ayuda a su visualización, esclavizándolo. Pero el poema de Watanabe, en cambio, es inasible como un vaso que cae, es inabarcable como una significación que se rompe.

Algo debe decir sin duda, aparte de la referencialidad arbitraria de una jarra que se parece a una mujer pensando. Por no encontrar, no le encontraríamos ni una justificación a la imagen que, inmotivada, nos reenvía a la pura superficie, a la inmediata anécdota del poema. Esta superficie constituye su única profundidad en cuanto refractaria a cualquier manipulación descifradora, a las tortuosas mecánicas de la interpretación, incluso de aquellas más novedosas o peculiares: refractaria, por ejemplo, al *tarning*, la operación de desenmascarar el texto, según Owen Barfield, la sustitución mental por parte del lector de la metáfora imposible por la verdadera realidad –operación que supone en el poema una mentalidad tramposa y una intención encubridora (del alemán *tarnen*, enmascarar, esconder)[30]–; refractaria igualmente a la *máquina perforadora* de Beryl Smalley, un instrumento diabólico de la *exégesis bíblica* que propone no mirar en el poema, sino a su través, como si observáramos más lejos lo que está detrás del vidrio distorsionador que se considera ahora el texto[31].

En el poema de Watanabe –y digo «en» con clara intención de evitarnos procedimientos sustitutivos que lo convirtieran en un trasunto, en un trasvase– no hay un más allá posible ni una segunda realidad recóndita que, roturando, transponiendo, descubriendo, nos sea dada. El poema, autosuficiente y soberbio, sordo a toda ingerencia interpretativa y a la pasión de significar, opaco hasta para el fantasma

---

[29] José Gorostiza, *Muerte sin fin*, en *op. cit.,* p. 81.

[30] «Cuando digo tarning se ruega al lector que sustituya mentalmente el concepto de decir una cosa significando otra», Owen Barfield, *The Rediscovery of Meaning, and other Essays*, Middleton: Wesleyan University Press, 1977, p. 49

[31] Beryl Smalley, *The Study of the Bible in the Middle Ages,* cit. por Geoffrey Hartman, «Pasado y presente», *op. cit.*, p. 101.

de la significación, se clausura en torno a su lacónica primera referencia, que una jarra que se derrama es como una mujer que piensa. «La única certeza» que nos queda es que «algo se nos dice, sin duda», afirmación decisiva, la sola decisión que el poema nos permite, porque ella sí esconde, en la rotundidad perpleja del «sin duda», su mismo, su claudicante desconcierto.

6

«Llenando un cántaro al revés, / vaciando, vaciando» son versos difíciles con los que Lezama intentaría quizá caracterizar la escritura en tanto trabajo dúplice de «acumular o decantar», operación paradójica de ausentar contenidos y entablar relaciones. Puesto que en varias ocasiones el moldeado en barro de una jarra es cifra de la iniciación, el cántaro invertido significaría cualquier cosa, cualquier entidad que en la operación de anularse encontrara una manera sorprendente de llenado, como un tao del poema, un gesto que se afirma en la negación.

Ante el poema, ante el desamparo de su misterio y de su contenido no calificable, «el proceso del conocimiento» –diría Blumenberg– «se calcula sobre pérdidas»[32]. Podríamos aceptar entonces que hemos entendido cuando no lo hemos hecho; o al menos, no del todo, hasta el agotamiento, la desertización de todas sus insinuadas posibilidades semánticas.

Habrá siempre una parte irreductible en el texto, la parte suya que más física que rotundamente se nos impone, que se hurta a nuestros manejos y que resulta además no traducible a la cadena informativa. Esa porción es incomprensible de un modo legítimo, de un modo que el poema reclama como legal, intrínseco e inviolable: una porción que alude a algo de lo que no poseemos pruebas ni contundencias experienciales, pero sí lenguaje. No hemos experimentado nunca que un jarrón sea como una mujer ni que, como el de Lezama, esté dado la vuelta para, no obstante, colmarse.

La falta de experiencias sobre lo que ahí, sin embargo, puede decírsenos, explicaría sólo en parte nuestro desconcierto ante el

---

[32] Hans Blumenberg, «Aproximación a una teoría de la inconceptuabilidad», en *op. cit.*, p. 102.

poema: un desconcierto que comparte con los territorios de lo «no conceptual», es decir, con la metáfora, lo místico, lo catacrético, lo silencioso, lo inefable, pero desconcierto que, en realidad, no es sino la mera sensación de estar ante el mundo, ante su indescriptible sentido. El huidizo significado del mundo tampoco lo es en una dirección global ni objetiva ni apropiable[33]. La versión de un poema, la traducción del mundo dentro de un discurso coherente —esto es, discurso abarcable y perteneciente a este mundo, a cada poema— nos dejaría probablemente insatisfechos y perplejos todavía, anonadados, como frente a una frenética jarra que se llenara y vaciara al mismo tiempo, del mismo golpe y con la misma agua incomprensible.

---

[33] *Ibid.*, p. 105.

# Lo transitorio, lo fugitivo, lo permanente

*Antoni Marí*

En Charles Baudelaire la figura del poeta y el perfil del hombre se encuentran en constante contradicción. En una trágica oposición: lo que desea el poeta es despreciado por el hombre, y lo que quiere el hombre es rechazado por el poeta. El poeta Baudelaire y el hombre son enemistades irreconciliables y antagónicas.

Esta contradicción se manifiesta en toda su obra, en la poesía, la prosa, la crítica y la correspondencia. El título de la primera parte de *Las flores del mal* es muy elocuente: «Spleen e ideal»; el *spleen* es un término anglosajón detrás del cual está el sentimiento de la pesadez de la existencia, de la carga del tiempo, de la miseria cotidiana y de la imagen presente e incuestionable de la muerte, que se esconde detrás de cualquier rincón, dispuesta a caer sobre nosotros en cualquier momento.

En el poema «Spleen», Baudelaire dice:

> Cuando el cielo, plomizo como una losa, oprime
> Al gemebundo espíritu, presa de hastío inmenso,
> Y abarcando la curva total del horizonte
> Nos vuelca un día oscuro más triste que las noches;
>
> Cuando en fría mazmorra la tierra se convierte,
> Y la Esperanza como un siniestro murciélago
> Va rozando los muros con sus tímidas alas,
> Golpeándose la testa en los techos podridos;

Cuando la lluvia extiende sus inmensos regueros
Que imitan los barrotes de una vasta prisión,
Y todo un pueblo mudo de asquerosas arañas
Del cerebro en el fondo sus hilos va tejiendo[1].

El *ideal* en cambio es el sentimiento de liberación de todos los
lazos que nos atan a la vida; es la realización de la más absoluta libertad; es la confianza en la infinita conciencia del *yo*, en la capacidad
transformadora que tienen nuestras facultades. El ideal es sentirse
planear por sobre todas las cosas, más allá de las nubes y alcanzar la
totalidad del ser. Dice el poeta en «Elevación»:

Por encima de estanques, por encima de valles,
De montañas y bosques, de mares y de nubes,
Más allá de los soles, más allá de los éteres,
Más allá del confín de estrelladas esferas,

Te desplazas, mi espíritu, con toda agilidad
Y como un nadador que se extasía en las olas,
Alegremente surcas la inmensidad profunda
Con voluptuosidad indecible y viril.

Escápate muy lejos de estos mórbidos miasmas,
Sube a purificarte al aire superior
Y apura, como un noble y divino licor,
La luz clara que inunda los límpidos espacios.

Detrás de los hastíos y los hondos pesares
Que abruman con su peso la neblinosa vida,
¡Feliz aquel que puede con brioso aleteo
Lanzarse hacia los campos luminosos y calmos!

Baudelaire asume en su propia persona estas dos tendencias: la
una que tira hacia abajo, la otra que empuja hacia arriba. El artista es
aquel hombre que debe luchar contra la tendencia negativa y sombría
que impide que surja aquella otra luminosa y positiva. El artista con-

---

[1] Charles Baudelaire, *Las flores del mal* (traducción de Antonio Martínez
Sarrión), Madrid: Alianza, 1984.

serva la tendencia a las alturas, pero el hombre que lleva dentro, con su sórdida existencia, impide con frecuencia que la expresión del arte se manifieste. El artista es, pues, un exiliado, es como el albatros de su poema que a pesar de ser un «príncipe de las nubes / que busca la tempestad y se ríe del arquero», «exiliado en la tierra, / sus alas de gigante le impiden caminar». Las cualidades y los atributos del artista son las que hacen desgraciado al hombre. Como afirmó T. S. Eliot, «Baudelaire tenía el orgullo del hombre que siente convivir en su persona una gran debilidad con una gran fuerza». El primer enemigo del poeta es él mismo: el poeta ha de luchar contra todo aquello que se opone a su libre expresión; habrá de combatir contra él mismo, contra la existencia material, contra el tiempo, contra todo aquello que se opone a la libre determinación de su voluntad.

> Cuánto trabajo cuesta, cuando la dicha acaba,
> admitir que acabó y aceptar dignamente
> esa nada terrible que sigue a la hermosura.
> Ha cesado el encanto y ya no somos dueños
> de aquella llamarada. Tanta luz, maravilla
> de lo que siendo efímero semeja eternidad.
> Ahora vuelven los días a ser hábito triste,
> tiempo destartalado en el que va cumpliéndose
> nuestro destino de hombres. «No puede ser –decimos–
> verdad esta indigencia en que nos ha dejado,
> de repente, la vida; un mal sueño nos tiene.»
> Y removemos, tercos, la escoria de la luz.
> Pero nada encontramos. Y respiramos muerte[2].

Es esta primordial contradicción la que le ofrece a Baudelaire argumentos para afirmar que en toda obra de arte hay un elemento transitorio, fugitivo y contingente, la mitad del arte. Lo fugitivo y lo contingente son a la vez, según Baudelaire, las cualidades de la modernidad, lo que liga las obras con el momento de la historia en que fueron realizadas. La otra mitad es lo eterno y lo inmutable; o sea, lo que las obras de arte mantienen de incólume, lo que permite que la obra trascienda su tiempo y se dirija al futuro.

---

[2] Eloy Sánchez Rosillo, «All passion spent», en *Las cosas como fueron*, Barcelona: Tusquets, 2004.

Y el poeta hace de todo eso poesía, «del espectáculo vivo de su triste miseria, del trabajo de sus manos y del amor de sus ojos»; otras veces la poesía surge de la conciencia antagónica de las dos tendencias que le provoca un desasosiego que parece que nada pueda saciar ni satisfacer.

Difícilmente, avanzando milímetros por año, me hago un camino entre la roca. Desde hace milenios mis dientes se gastan y mis uñas se rompen para llegar allá, al otro lado, a la luz y el aire libre. Y ahora que mis manos sangran y mis dientes tiemblan, inseguros, en una cavidad rajada por la sed y el polvo, me detengo y contemplo mi obra: he pasado la segunda parte de mi vida rompiendo las piedras, perforando las murallas taladrando las puertas y apartando los obstáculos que interpuse entre la luz y yo durante la primera parte de mi vida[3].

En otras ocasiones se deja llevar por la contemplación de las cosas que transforman lo natural en la proyección del deseo en que él puede confundirse y transformar la ausencia en una presencia no ida.

> En la zona, más arenosa
> del camino, esa suela de pequeñas
> pinceladas, corral de animalillos
> benéficos. Y el árbol
> de ramas amarillas, acolchado
> de líquenes. Jugaba a oír tu voz,
> hablaba contigo de las hojas de almendro
> sobre el hueco del tronco
> quemado. Y vi volar
> allí donde nombraste la estepa
> dos golondrinas[4].

A pesar de todo, el tiempo, la costumbre y los hábitos transforman estas experiencias en la experiencia del abismo. Del abismo del tiempo y de la muerte.

---

[3] Octavio Paz, «Trabajos forzados, XIV», en *Obra poética (1935-1998)*, Barcelona: Galaxia Gutenberg/Círculo de Lectores, 1999.
[4] Miguel Casado, *Tienda de fieltro*, Barcelona: DVD Ediciones, 2004.

Es una cosa extraña ser poeta,
Es una cosa extraña sentir la propia vida
Llena de muchedumbres,
Escuchar en el propio canto todos los cantos
Y cotidianamente
Morir un poco en todo lo que muere.

Es una cosa extraña ser poeta;
Es sorprender al niño en los ojos del viejo,
Es oír los clamores del bosque en la semilla,
Adivinar que hay una primavera dormida
Bajo cada nevada,
Partir el pan y ver los segadores.

Es una cosa extraña: ser poeta
Es convertirse en tierra para entender la lluvia,
Es convertirse en hoja para saber de otoños,
Es convertirse en muerto para aprender la ausencia[5].

Hay, sin embargo, un remedio para liberarse de tan negra experiencia; un medio artificial que le permite volver a vivir los instantes pasajeros de plenitud que se viven en el Ideal. Son los paraísos artificiales: el vino, el opio, el hachís, el arte y la poesía, que liberan de la voluntad de vivir y que el propio Baudelaire explicita: «Aspiro a un reposo absoluto y a una noche continua. Poeta de la loca voluptuosidad del vino y del opio, no tengo sed sino de un licor desconocido sobre la tierra, y que la farmacia celestial no podría ofrecerme; un licor que no contendría ni vitalidad ni muerte, ni excitación ni nada. No saber, no enseñar, no querer, no sentir, dormir, y seguir durmiendo, este es hoy mi único deseo».

En un viejo país ineficiente,
Algo así como España entre dos guerras
civiles, en un pueblo junto al mar,
posee una casa y poca hacienda
y memoria ninguna. No leer,

<hr>

[5] Miguel d'Ors, «Es una cosa extraña...», en *Punto y aparte (1966-1990)*, Granada: Comares, 1992.

no sufrir, no escribir, no pagar cuentas,
y vivir como un noble arruinado
entre las ruinas de mi inteligencia[6].

Junto a estos paraísos artificiales que pueden saciar fugitivamente
la voluntad de vivir, hay otra forma de liberarse del yugo de la existencia: el espectáculo de la ciudad moderna, es decir, París. Ésta se le
ofrece a la mirada como el conjunto sublime de un universo artificial
creado por la voluntad y la estremecedora imaginación de los hombres. En París, Baudelaire se extasía frente a un escaparate, una mujer
que pasa, una berlina que corre furiosa por la calle. Y este éxtasis le
hace olvidar, le distrae del *spleen* que le trastorna el alma. En medio
de la ciudad y de su experiencia urbana, el idealismo del poeta parece
realizarse en su imaginación: se libera del dolor y de las necesidades
que parecen reducidas a mirar, observar y atender lo que pasa frente a
él. La sensualidad de la mirada se confunde con el idealismo de la
imaginación. Estima lo que ve porque lo que ve provoca y suscita
miles de imágenes a la imaginación, no a la fantasía, sino a la imaginación productora de imágenes que le dan a ver la Realidad y lo que se
esconde detrás de sus apariencias. «Comme l'imagination a créé le
monde, elle le gouverne» («Como la imaginación ha creado el mundo,
ella lo gobierna»), dice en el ensayo «La reina de las facultades». Es la
imaginación la que desvela a Baudelaire ideas, pensamientos, imágenes y acontecimientos liberados de la impureza de la vida, indepen-
dientes de la existencia y autónomos de la voluntad.

> [...]
> Al pie de las estatuas por el tiempo vencidas,
> Mientras copio su piedra, cuyo encanto ha fijado
> Mi trémulo esculpir de líquidos momentos,
> Única entre las cosas, muero y renazco siempre.
>
> Este brotar continuo viene de la remota
> Cima donde cayeron dioses, de los siglos
> Pasados, con un dejo de paz, hasta la vida
> Que dora vagamente mi azul ímpetu helado.

[6] Jaime Gil de Biedma, «De vita beata» (*Poemas póstumos*), en *Las personas del verbo*, Barcelona: Barral, 1975.

Por mí yerran al viento apaciguados dejos
De las viejas pasiones, glorias, duelos de antaño,
Y son, bajo la sombra naciente de la tarde,
Misterios junto al vano rumor de los efímeros.

El hechizo del agua detiene los instantes:
Soy divino rescate a la pena del hombre,
Forma de lo que huye de la luz a la sombra,
Confusión de la muerte resuelta en melodía[7].

Todas estas experiencias –la del antagonismo, la experiencia de lo ideal y del *spleen*, la experiencia de la música, de la pintura y de la poesía, la experiencia de la ciudad y de la naturaleza– son experiencias estéticas, puesto que aunque son suscitadas por la forma (de las cosas, de la realidad), no se cumplen en ella, no acaban en ella (en la pura percepción de la forma), sino en la actividad que provocan (las formas) en nuestras facultades intelectuales, como la memoria, la imaginación, la razón y la reflexión. La experiencia artística es de idéntica naturaleza que la experiencia estética. En el arte reencontramos todo lo que de ninguna manera podemos buscar en la vida, y con el arte podemos satisfacer los sentimientos vivos y profundos de una dignidad superior que compensa del vacío que la realidad construye a nuestro alrededor.

Cuando nos anonada la desdicha,
durante un segundo nos salvan
las aventuras ínfimas
de la atención o de la memoria:
el sabor de una fruta, el sabor del agua,
esa cara que un sueño nos devuelve,
los primeros jazmines de noviembre,
el anhelo infinito de la brújula,
un libro que creíamos perdido,
el pulso de un hexámetro,
la breve llave que nos abre una casa,
el olor de una biblioteca o del sándalo,

---

[7] Luis Cernuda, «La fuente», en *La realidad y el deseo*, México: Fondo de Cultura Económica, 1975.

el nombre antiguo de una calle,
los colores de un mapa,
una etimología imprevista,
la lisura de la uña limada,
la fecha que buscábamos,
contar las doce campanadas oscuras,
un brusco dolor físico.

Ocho millones son las divinidades del Shinto
que viajan por la tierra, secretas.
Esos modestos númenes nos tocan,
nos tocan y nos dejan[8].

El arte para Baudelaire tiene como objetivo liberarnos del yugo de la existencia, darnos a conocer y vivir nuestro ideal, hacer realidad una felicidad desacostumbrada, hacernos olvidar la miseria de nuestra existencia que nos conduce al *spleen*. Dice el poeta «la poesía de Banville representa las bellas horas de la vida, es a decir, las horas en que uno se siente feliz de pensar y de vivir… [Hasta los hombres más desgraciados] han conocido alguna vez esta clase de impresiones, tan ricas, donde el alma parece estar iluminada, y tan vivas que está como elevada. Todo el ser interior, en estos maravillosos instantes, se lanza al aire por su excesiva ligereza y dilatación, como para llegar a una región más alta».

De la pintura de Delacroix, dice Baudelaire: «¿[…] quién no ha conocido estas horas admirables, verdaderas fiestas del entendimiento, donde los sentidos más atentos perciben las sensaciones más resonantes, donde un cielo del azul más transparente se hunde como en un abismo infinito, donde los sonidos tiñen musicalmente, donde los colores hablan, donde los perfumes describen el mundo de las ideas? Pues bien, la pintura de Delacroix parece ser la traducción de estos bellos días del espíritu. Su pintura está revestida de intensidad, y es privilegiado su resplandor. Como la naturaleza percibida por unos nervios ultrasensibles, revela el sobrenaturalismo intemporal de las cosas».

---

[8] Jorge Luis Borges, «Shinto» (*La cifra*), en *Obras completas,* vol. III, Barcelona: Emecé, 1989.

De la música de Richard Wagner afirma: «Me sentí liberado de los *lazos de la pesadez* y encontré en el recuerdo la extraordinaria voluptuosidad que se da en los lugares altos. Inmediatamente me sentí, sin querer, en el estado delicioso de un hombre preso de vagas imaginaciones y en absoluta soledad, pero con un inmenso horizonte y una *amplia luz difusa; la inmensidad* sin otro decorado que ella misma. Después tuve la sensación de una claridad más viva, de una intensidad de luz que crecía con una rapidez tan grande, que los matices que nos ofrece el diccionario no pueden expresar este *aumento siempre renaciente de ardor y de blancura.* Entonces concebí plenamente la idea de un alma moviéndose en un centro luminoso, de un éxtasis hecho de *voluptuosidad y conocimiento* y planeando sobre y muy lejos del mundo natural».

Estas tres reseñas publicadas con poco tiempo de diferencia explicitan el efecto que la experiencia estética provoca en el poeta. Baudelaire ha descrito con frecuencia estos momentos privilegiados donde «el sentimiento de la existencia está inmensamente intensificado», donde «la profundidad de la vida se revela completa en el espectáculo [...] que se da a nuestros ojos».

El arte aparece para Baudelaire como una operación mágica, como el medio de abolir el tiempo, de anular los efectos de la caída, de restituir en el hombre la perfección y la integridad originales. José Ángel Valente recoge esta experiencia de la restitución:

> Los caballos, los oros, la redonda
> plenitud de las cúpulas,
> los arcos, la andadura
> vertical de las líneas que levanta
> la luz nacida de la piedra.
> Entraña.
>     Forma.
> Ha caído la noche.
>         Todo
> parece ahora disolverse
> en su propio interior.
>                 Muy lenta
> se desgrana la música.
>         Diríase
> que se escucha muy cerca.
>             ¿Dónde?

Tú sabes que la oyes
cuando estás del otro lado
de tu propio existir[9].

Para conseguir estos efectos el arte ha de ser eminentemente sugestivo, *sorcier*, embrujador. No debe mostrar las cosas como son, sino como podrían ser o son en otras latitudes, espaciales o temporales. Baudelaire desprecia y abomina del naturalismo y del realismo. Para él, estas tendencias artísticas manifiestan la actitud positivista que pretende describir la realidad de la naturaleza de una manera objetiva y clara, sin que el artista casi no intervenga. Contra Courbet y sus seguidores empedernidos en sacrificar la imaginación a favor de la naturaleza, positiva e inmediata, Baudelaire proclama los derechos de la imaginación: «Desde hace poco tiempo, hemos oído decir de miles de formas diferentes: "Copiad la naturaleza; no copiéis otra cosa que la naturaleza. No hay ninguna otra alegría mayor, ni triunfo más grande que una copia excelente de la naturaleza". Y esta doctrina, enemiga del arte, pretende ser aplicada no únicamente a la pintura, sino también a la novela, incluso a la poesía». Baudelaire opone a este principio de imitación de la naturaleza, todo lo contrario: que el arte es creación, creación de mundos y de otras realidades. Y sigue diciendo: «A estos doctrinarios tan satisfechos de la naturaleza, un hombre imaginativo habría ciertamente de tener el derecho de responder: "Encuentro inútil y asqueroso representar lo que es, puesto que nada de lo que es me da satisfacción. La naturaleza es fea, y prefiero los monstruos de mi fantasía que la trivialidad positiva"». Y más adelante: «Habría sido más filosófico preguntar a estos doctrinarios en cuestión, primeramente si ellos están seguros de la existencia de la naturaleza exterior». «Todo buen poeta siempre ha sido realista», dirá Baudelaire, pero dando otro sentido al mundo real, diferente del que le da el positivista. «La poesía es lo que hay de más real, es lo solo que es completamente verdadero en otro mundo». Este otro mundo es el mundo del ideal y el arte es concebido como una victoria sobre el principio de realidad: «¿Qué es el arte puro —se pregunta Baudelaire—, según la concepción moderna? Es crear una magia sugestiva que con-

---

[9] José Ángel Valente, «Piazza San Marco», en *Fragmentos de un libro futuro,* Barcelona: Galaxia Gutenberg/Círculo de Lectores, 2001.

tiene a la vez al objeto y al sujeto, al mundo exterior del artista y al artista mismo».

> Rompió mi alma con oro.
> Y como mágica palmera
> reclinada en su luz,
> me acarició, mirándome
> desde dentro, los ojos.
>
> Me dijo con su iris:
> «Seré la plenitud
> de tus horas medianas.
> Subiré con hervor tu hastío,
> daré a duda espuma».
>
> Desde entonces ¡qué paz!
> No tiendo ya hacia fuera
> mis manos. Lo infinito
> está dentro. Yo soy
> el horizonte recojido.
> Ella, Poesía, Amor, el centro
> indudable[10].

El arte moderno, para Baudelaire, no sólo es una victoria sobre el principio de realidad, sino también el triunfo del yo sobre el mundo exterior, y la realización de la unidad primordial de todas las cosas.

Esta teoría del arte, expuesta sucintamente, Baudelaire la puso en práctica en la crítica. Toda crítica artística fundamenta sus juicios en unos presupuestos teóricos que ofrecen a la crítica sus argumentos. La crítica de Baudelaire descansa sobre esta teoría del arte, que bien podríamos considerar idealista, puesto que el arte toma la forma de la idea (no de la realidad), y metafísica ya que lo que el arte representa no es la realidad inmediata, sino una realidad configurada con rasgos físicos, pero transcendidos por la idea. La crítica de Baudelaire defiende, expone y muestra su teoría; analiza, critica, discute, desprecia, y a menudo ridiculiza, todas las teorías opuestas a la suya, que casi podríamos decir que son todas.

---

[10] Juan Ramón Jiménez, «Desde dentro» (*La estación total*), en *Obra poética*, Madrid: Espasa-Calpe, 2005.

Como Baudelaire considera la obra de arte como la expresión de un mundo imaginativo e ideal, original y infinito, de una extraordinaria fuerza de sugestión, analiza y critica la obra con una total autonomía e independencia de los fundamentos históricos, de los contextos sociales, políticos y históricos. Para Baudelaire el artista es el nuevo héroe de la modernidad que en su tragedia de exiliado busca los temas de su poesía de la realidad otorgándoles el grado de categoría.

Este artista moderno es un trapero, un ropavejero que recupera los despojos y las sobras que la sociedad industrial arroja en los contenedores. En tantísimas ocasiones, Baudelaire repitió que el poeta moderno era el que recogía los temas de su arte de entre la basura y los escombros, de entre los desperdicios de la opulenta sociedad capitalista. Allí, en la basura, los objetos pierden su identidad, su función y su origen, reciben los atributos que el nuevo propietario les da y la proximidad con otros desperdicios les recubre de un nuevo sentido, de una extraña analogía y, a menudo, de una sorprendente expresión.

> ¿Cuáles son las raíces que arraigan, qué ramas crecen
> en estos escombros pétreos? Hijo de Hombre,
> tú no puedes decirlo, ni adivinarlo, pues tú tan sólo conoces
> un montón de imágenes rotas, donde el Sol bate.
> El árbol muerto no cobija, el grillo no consuela,
> y la reseca piedra no mana agua. Sólo
> hay sombra bajo esta roca roja
> (ven bajo la sombra de esta roca roja),
> y te enseñaré algo diferente
> de tu sombra que te sigue a zancadas por la mañana
> o de tu sombra que al atardecer se levanta para encontrarte;
> te mostraré lo que es el miedo en un puñado de polvo[11].

Con sus nuevos atributos, esos desperdicios, que el poeta reconoce en su fragmentación y en su nuevo orden, le muestran la pérdida de sentido de la unidad tradicional, en que cada cosa era la que «era», en una «absence complète d'unité». Ahora, cada cosa es distinta de la que fue y no remite ya a la totalidad, sino a la fragmentación de todo.

---

[11] T. S. Eliot, *Tierra baldía* (traducción de Ángel Flores), Barcelona: Ocnos, 1973.

La nueva poesía, el nuevo arte, surge de arrancar de los elementos de la realidad lo que poseen de más propio, de liberarlos de su antiguo sentido y de mostrarlos en un significado nuevo que se manifiesta en su materialidad, en su humildad y en su excrecencia. El artista moderno, para Baudelaire, es aquel capaz de dar contenido poético a lo que era precario y transitorio y de mostrarlo, de entre tanto magma informe, con una noble distinción capaz de liberarlo de lo que fue para llegar a ser lo que la imaginación procura que sea.

Ya no es la naturaleza la que ofrece los temas al arte; ni su representación ni su emulación despiertan la necesidad de poetizar: es en la vida de la metrópolis, con sus infinitas transformaciones, correspondencias y conexiones, donde la poesía muestra su capacidad universal de metamorfosis. En la naturaleza todo permanece idéntico a sí mismo; apenas los fenómenos naturales pueden transformarle su sentido. En la ciudad industrial nada permanece, está todo en constante y profundo cambio y pocas cosas pueden identificarse y reconocerse, como no puede identificarse al ciudadano ni reconocer el sentido de sus desperdicios, ni el cúmulo de ideas, imágenes y emblemas que todo ello despierta en el artista y en el lector.

Baudelaire, poeta capaz de teorizar sobre su propia poesía y de reflexionar sobre la vida y la estética de la ciudad industrial, sintetizó la compleja experiencia de una sociedad que veía atónita la fragmentación del mundo en miles de objetos y formas sin sentido y que se consideraba incapaz no tan sólo de ofrecerles otro nuevo, sino de asumir que únicamente desde el sujeto y desde la autonomía de la subjetividad podría encontrarse algún sentido a todo ello, aunque fuera individual, transitorio, subjetivo y «arbitrario».

> Mohosa está la lira de Homero en estos tiempos.
> Las hojas amarillas se disputan el mundo,
> y los desnudos árboles, inermes ante el viento,
> se yerguen contra un cielo que ignora su abandono.
>
> El murmullo del mar es una canción hueca
> y el vuelo de los pájaros una triste metáfora.
> No hay huellas de pisadas humanas en la arena.
> La ciudad es el resto de un naufragio terrible.

¿Volverán algún día los héroes de su exilio
dorado, allá en las islas donde el sol no se pone?
¿Dejará de reinar por doquiera el hastío?
¿Morderá el polvo al fin tanta melancolía?[12]

Apenas se recogió la propuesta de Baudelaire y habríamos de esperar a algunos poetas simbolistas –Mallarmé, Rimbaud, Corbière, Lafargue, Proust, Eliot– para que actualizaran las teorías estéticas de Baudelaire en esa poesía que ennoblece el tedio del domingo por la tarde o el dormitorio de la secretaria particular que deja secar la ropa interior sobre el espejo de la consola. Este recurso literario y filosófico, que Baudelaire nombró como alegoría y que Walter Benjamin redefinió, muestra simultáneamente la gloria del pasado y la ruina del presente, la totalidad de lo que fue y la fragmentariedad de lo que irremediablemente es ahora. Sin embargo serán los pintores y poetas de las primeras Vanguardias los que devolverán la verdadera actualidad a esa recuperación del escombro y la basura, los que bajo la palabra mágica de *collage* reivindicaron lo que de suprasensible aún mantienen nuestros desperdicios.

Baudelaire criticará la poesía, la música y la pintura desde esta posición teórica. Nada de lo que puede incidir en la producción y en la recepción de la obra de arte le interesa, y nunca será considerado. Esta autonomía del arte hará de Baudelaire el precursor de los defensores del arte por el arte, idea que afirma que el arte no tiene ninguna relación ni con la historia, ni con la moral, ni con la cultura y que las leyes del arte son propias y exclusivas del arte. El arte siempre se refiere a sí mismo y al impulso original que lo hizo posible. Baudelaire en su ensayo sobre Edgar Allan Poe reconoce en el americano unas cualidades que son suyas propias: «Creía, como auténtico poeta que era, que la meta de la poesía es de la misma naturaleza que su principio, y que no debía tener en cuenta más que a la poesía misma». A esta rotunda afirmación, T. S. Eliot añade: «Un poema no dice algo: *es* algo», «Un poema no tiene otro referente que el mismo poema».

La defensa de la autonomía de la poesía es quizá el principio fundamental de la poesía contemporánea que pasó de Poe a Baudelaire,

[12] Luis Alberto de Cuenca, «Sobre un poema de Robert Ervin Howard», en *Los mundos y los días*, Madrid: Visor, 1998.

de Baudelaire a Mallarmé, de Mallarmé a Valéry, de Valéry a Eliot y a Paul Celan, a Jorge Guillén y a todos los que quisieron salvar la poesía violentándola. Desde entonces mucha de la poesía moderna ha dejado de ser descriptiva. No hay materia definida a la que se refiera. Y posiblemente ni un referente central, ni un relato, ni un objeto. No es el uso de imágenes de la vida común, ni de la vida sórdida de una gran ciudad moderna, lo que consiguió para nosotros Baudelaire, en su poesía; sino la elevación de toda esta imaginería a una intensidad que viene de entre las palabras mismas, desde la fuerza que se establece entre ellas, sin otra referencia que ellas mismas.

El conflicto de Baudelaire entre el poeta y el hombre es el conflicto del poeta que sin querer negar la vida pretende trascenderla en el lenguaje del poema. Ésta es la razón por la cual el centro de gravedad se desplaza hacia las palabras. Las raíces de la poesía se adentran en los usos invocativos del lenguaje; aquellos por lo que hacemos que algo se haga presente por lo que decimos.

# TOMAR PARTIDO POR LAS COSAS
*Miguel Casado*

A Viktor Sklovski –uno de los grandes del llamado *formalismo* ruso– le gustaba poner una viñeta de paisaje al principio de sus libros: describir un paisaje vivo, que sentimos al otro lado de la ventana, aunque nada tenga que ver en apariencia con las cuestiones de teoría literaria que el libro luego aborda. Por mi parte, empezaré, a modo también de viñeta, no con un paisaje, sino citando unas palabras sobre la vida que el propio Sklovski escribía en un ensayo de 1923:

> Vivimos en un mundo cerrado y mezquino. No sentimos el mundo en que vivimos, igual que no sentimos la ropa que llevamos encima. Volamos a través del mundo como los personajes de Julio Verne «a través del espacio cósmico en el vientre de un rayo». Pero nuestro rayo no tiene ventanas.
>
> Los pitagóricos afirmaban que no oímos la música de las esferas porque suena incesantemente. Quienes viven en las orillas del mar no oyen el rumor de las olas, pero nosotros ni siquiera oímos las palabras que pronunciamos. Hablamos un miserable lenguaje de palabras no dichas a fondo. Nos miramos a la cara pero no nos vemos[1].

Empiezo con estas palabras por varios motivos: primero, por reconocimiento, porque la manera de pensar y de escribir de Sklovski me ha abierto muchos de los caminos que más me importan. Luego, porque citar estos dos párrafos suyos es una forma de decir que la

---

[1] Viktor Sklovski, «Literatura y cine», en *Cine y lenguaje* (traducción de Joaquín Jordá), Barcelona: Anagrama, 1971, p. 35.

preocupación por la vida es lo único que me induce a plantearme las cuestiones literarias que voy a desarrollar y que parecen tan alejadas de ella; sigo sin conocer otro estímulo para escribir que el viejo lema de Rimbaud: *changer la vie,* cambiar la vida. Y, por último, porque entiendo que no cabe otra opción para un pensamiento que sea personal que recorrer los itinerarios ya trazados por otros, pensar con las palabras de otros, encontrar un montaje, una sonoridad distinta de esas palabras que de pronto diga algo que ellos no dijeron. Suelo trabajar así: citando mucho, en la esperanza de que en esas palabras se dibuje mi voz. Por eso, lo que voy a proponer es apenas una serie de lecturas: unas de textos teóricos o críticos, otras de poemas. Mostrar con ellas una inquietud, tratar de convertirlas en preguntas que queden sonando al final.

El campo en el que me voy a mover es clásico: la autonomía de la palabra poética, la autonomía del arte literario, para someter a crítica esta idea, sugerir que se trata de un principio insuficiente; pero no con la intención de volver a las viejas heteronomías, que entiendo absolutamente superadas, sino para preguntarme cuáles serían los vínculos entre realidad y poema *después de la autonomía,* habiéndonos impregnado de ella, aprendido a pensar con ella, pero no quedándonos en ella.

Podríamos entrar en el asunto recordando la formulación habitual de la idea de *autonomía,* a través del concepto de *función poética* que debemos a Roman Jakobson. Junto a Sklovski, Jakobson –como se sabe– fue la otra gran figura de los *formalistas* rusos, compañeros los dos de los poetas y pintores futuristas en el alba del siglo XX y en las publicaciones conjuntas de todo el grupo hasta mediados de los años veinte. Jakobson adquiere luego renombre internacional y reelabora su pensamiento en clave académica, mientras Sklovski atraviesa el largo invierno estalinista y el hermético aislamiento de la URSS –promovido desde dentro y desde fuera– durante la Guerra Fría.

La *función poética* aparece hoy en todos los manuales escolares y, según su noción vulgarizada, en ella el texto se concentra en la propia forma del mensaje, por encima de la atención a la referencia, a la emoción o a la apelación. Jakobson propuso este concepto en una conferencia titulada «Lingüística y poética», que se publicó en inglés en 1960[2],

---

[2] *Cfr.* Roman Jakobson, *Ensayos de lingüística general* (traducción de Josep M. Pujol y Jem Cabanes), Barcelona: Seix Barral, 1975.

pero ya estaba latente en su obra desde el principio. Así, en un texto de 1919, se puede leer: «La poesía consiste en la configuración de la palabra de valor autónomo»[3]. Este último término –autónomo, autonomía– no aparece en la conferencia de 1960, pero sí se sugiere cuál pueda ser su sentido; recordemos cómo lo formulaba Jakobson:

> La función poética no es la única función del arte verbal [es decir, de la palabra en su dimensión estética], sino sólo su función dominante, determinante, mientras que en todas las demás actividades verbales actúa como constitutivo subsidiario, accesorio. Esta función, al promocionar la patentización de los signos, profundiza la dicotomía fundamental de signos y objetos[4].

Es decir que el hecho de concentrar la atención en la forma del mensaje subraya y acentúa la oposición entre las palabras y las cosas que ellas nombran. Es cierto que con *dicotomía* se limita a indicar que hay dos polos, y que Jakobson elude usar un verbo más drástico, más cortante que «profundiza». Pero, como suele ocurrir, sus seguidores o glosadores extreman este planteamiento mesurado, mostrando la lógica que en él subyace. Así lo plantea, por ejemplo, Linda R. Waugh en un volumen que algunos discípulos prepararon poco después de la muerte del maestro: «En la función poética, la concentración en el signo lingüístico como signo y el divorcio entre el signo y su referente significan que la textura del signo en todos sus aspectos se hace perceptible»[5]. De «dicotomía de signos y objetos» hemos pasado a «divorcio entre el signo y su referente»; tal divorcio, el hecho de que el signo deje de dirigirse hacia un exterior, es lo que permitiría la concentración poética, lo cual coincide con la idea más extendida de *autonomía* del texto poético. Podría aportar otras muchas muestras similares del desarrollo y el uso de este concepto; pero creo que es bien conocido, y basta con este resumen para seguir avanzando.

---

[3] Citado por Tzvetan Todorov en *Crítica de la crítica* (traducción de José Sánchez Lecuna), Barcelona: Paidós, 1991, p. 19.
[4] Roman Jakobson, *Ensayos de lingüística general, op. cit.,* p. 358.
[5] Linda R. Waugh, «La función poética y la naturaleza de la lengua», en Roman Jakobson, *Arte verbal, signo verbal, tiempo verbal* (traducción de Mónica Mansour), México: Fondo de Cultura Económica, 1992, p. 210.

Para ello, para seguir adelante, recurro a dos artículos de Paul de Man recogidos en su libro *Visión y ceguera*. El primero, «Forma e intención en la Nueva Crítica norteamericana», es un artículo de 1966, en el que pasa revista a los criterios fundamentales del New Criticism norteamericano, entonces en plena vigencia de su autoridad, y encuentra en él ideas semejantes –en otro contexto muy distinto– a las que he resumido. Encuentra esas ideas, pero no las hace suyas y llega a afirmar que: «no es nada evidente en qué consiste la autonomía específicamente literaria»[6]. La argumentación de esta duda, de esta resistencia al dogma, aparece de modo revelador en el artículo «Lírica y modernidad», de 1970, donde analiza algunos versos de Mallarmé, tomados de un poema escrito con motivo de la muerte de Verlaine[7].

Le noir roc courroucé que la bise le roule
Ne s'arrêtera [...]

(La negra roca furiosa que el cierzo arrastra
No se detendrá [...])

Paul de Man polemiza con la tendencia que resalta la oscuridad de la poesía moderna y, concretamente, cita una interpretación del mismo poema debido al teórico alemán Stierle, cuyos juicios de valor va anotando: «instante trascendido en irrealidad por un movimiento irrepresentable», «irreferible a una realidad exterior». Es inútil intentar una glosa de la riqueza de matices con que se despliega la lectura: mientras Stierle afirma que esa *roca* no se sabe de dónde procede y que el viento no puede mover una roca, de tal modo que la imagen nos sitúa fuera de toda realidad, De Man va tejiendo referencias físicas, culturales y tomadas de los textos del propio Verlaine y de Mallarmé sobre Verlaine, para mostrar las posibles identificaciones sugeridas entre la tumba de Verlaine y la de Cristo o para explorar las frecuentes relaciones metafóricas entre roca y nube, de modo que la imagen de la nube se abriría en los versos siguientes a nuevos desarrollos:

[6] Paul de Man, *Visión y ceguera. Ensayos sobre la retórica de la crítica contemporánea* (traducción de Hugo Rodríguez-Vecchini y Jacques Lezra), Río Piedras: Universidad de Puerto Rico, 1991, p. 28.

[7] *Ibid.*, a partir de la p. 194.

Ici [...]
Cet immatériel deuil opprime de maints
Nubiles plis l'astre mûri des lendemains...

(Aquí [...]
Este luto inmaterial oprime con copiosos
Pliegues núbiles el astro maduro del porvenir...)

Así, por ejemplo, aunque no se pueda negar que la imagen «pliegues núbiles» quizá sea una más de las que evocan el obsesivo «libro futuro» de Mallarmé, antes nos llegarían los pliegues oscuros de una nube tormentosa que enturbia al sol. Pero no nos interesan tanto los detalles de esta lectura, sino las conclusiones que propone De Man de manera sucesiva, según va desplegándola: «el proceso polisémico es perceptible sólo para un lector que esté dispuesto a sostener una lógica natural de la representación –el viento llevándose la nube, Verlaine sufriendo físicamente del frío–», o también: «sólo podemos acceder a estos temas si admitimos la presencia constante, en los poemas, de niveles de sentido que siguen siendo representacionales. La imagen mimética de la nube que cubre el astro es un elemento indispensable en el desarrollo de la acción dramática que se realiza en el poema». E insiste: «sólo después de haber agotado todos los posibles significados representacionales es cuando podemos preguntarnos si y por qué razón dichos significados han sido reemplazados», «hasta un punto muy avanzado, que este poema no alcanza [...], Mallarmé sigue siendo un poeta representacional».

Incluso para textos tan aparentemente abstractos como los de Mallarmé, De Man señala que es imposible leer poesía sin tener en cuenta la acción de los objetos en el escenario de la realidad, sin la referencia de las palabras al mundo. La poesía no se agota ahí, desde luego; pero se empobrece radicalmente si se le amputa este vínculo necesario: no hay un gran poeta sin este vínculo. «Una de las formas –sigue diciendo De Man– en que la poesía lírica se enfrenta al enigma del lenguaje es precisamente en la ambivalencia de un lenguaje que es y no es representacional simultáneamente». Este tipo de fórmula contradictoria es la que nos permitiría imaginar de qué hablamos si hablamos de una poesía no *autónoma* tras haber reconocido la *autonomía*: la poesía combina ambos movimientos a la vez, el movimiento que se vincula a la realidad y el que se mira sólo a sí mismo. Ha hablado Paul de Man de la conciencia poética como «una conciencia

esencialmente dividida»[8], y es oportuno recordar que en Jakobson
–pese al cierre académico en que desembocó su teoría– ya estaban
también los elementos de esta propuesta:

> La primacía de la función poética sobre la función referencial no elimina
> la referencia, pero la hace ambigua. Al mensaje con doble sentido corres-
> ponde un emisor dividido, un destinatario dividido, además de una refe-
> rencia dividida[9].

Y esto me da pie para preguntarme por la postura que tomó la otra
línea del *formalismo*, la de Sklovski.

Durante su larga vida, Sklovski mantuvo una escritura inconfundible:
fragmentaria, movida por asociaciones inesperadas, capaz de hacer
avanzar la reflexión teórica mediante saltos lógicos, guiados por una
lógica poética, y ese peculiar aliento atraviesa las muchas vicisitudes
de traducción que ha sufrido su obra; todo ello, que le confiere un
enorme atractivo, permite además una amplia libertad a la lectura, de
modo que tengo la sensación de que apenas se le ha empezado todavía a leer, que la mayoría de las riquísimas implicaciones de su pensamiento están ahí esperando a ser reactivadas.

La *viñeta* con que encabezaba yo estas palabras, con su plástico
modo de evocar la vida automática de cada día, muestra a la vez la
raíz de la principal propuesta teórica de Sklovski: el *extrañamiento*
(de las numerosas traducciones utilizadas en las lenguas occidentales
–singularización, desfamiliarización, desautomatización, distancia-
miento– prefiero ésta, pues el propio autor insiste en que se forma en
la matriz de la palabra *extraño*). Dicho de otro modo, el elemento
clave de la teoría tiene una raíz existencial.

Con pie en Tolstoi, a quien Sklovski cita en su artículo más conocido, «El arte como artificio» (o «como procedimiento»), de 1917, éste
sería el punto de partida: «Si la vida compleja de tanta gente se desen-
vuelve inconscientemente, es como si esa vida no hubiese existido»[10]. Al

---

[8] *Ibid.*, p. 270.

[9] Roman Jakobson, *Ensayos de lingüística general, op. cit.*, p. 382.

[10] Viktor Sklovski, «El arte como artificio», en *Teoría de la literatura de los formalistas rusos* (selección de Tzvetan Todorov, traducción de Ana María Nethol), Buenos Aires: Signos, 1970, p. 60.

diagnóstico de Tolstoi responde Sklovski con una definición de arte: «Para dar sensación de vida, para sentir los objetos, para percibir que la piedra es piedra, existe eso que se llama arte». El arte como conciencia de estar vivo, como relieve de las cosas para que la vida no se diluya irremediablemente en la vaciedad y alienación, en lo que Heidegger después llamaría «caída en el uno». El arte debe radicalizar sus procedimientos, pero no porque esté pendiente de su forma, concentrado en ella, sino como modo de romper la mirada rutinaria, de quebrar los hábitos y recuperar la intensidad de la percepción. Se trata –dice después– de que el objeto pueda llegar a *verse*, es decir, pueda imprimir su directa huella sensorial, en vez de simplemente *reconocerse* como perteneciente a una categoría, a un ámbito social, a un código. El extrañamiento, por tanto, es una operación lingüística, una ruptura que se opera en el texto, pero su lugar de actuación, su efecto, debe sentirse en la realidad, en la que encuentra su origen, su razón de ser, sus materiales:

> Para hacer de un objeto un hecho artístico es necesario extraerlo de la serie de los hechos de la vida. [...] Es necesario extraer el objeto de su envoltura de asociaciones habituales, remover el objeto como se remueve un leño en el fuego[11].

Y no cabe ambigüedad en el modo de entender *objeto*, engañarse creyendo que puede hablar de «objeto lingüístico». El poeta, ha subrayado Sklovski, «es el instigador de la revolución de los objetos. En los poetas los objetos se rebelan, rechazan sus anteriores nombres y se cargan de un sentido suplementario con un nombre nuevo». En este sentido, cuando el escritor hace balance, avanzada la vejez, en el libro *La cuerda del arco*, algunas de las más rotundas precisiones siguen esta vía. Publicado en ruso en 1970, el autor todavía añadió un prólogo a la edición española de 1975, cuando había cumplido ya 82 años (murió en 1984), de modo que puede considerarse un examen de todo su trabajo teórico y el de sus compañeros de juventud. Ahí le vemos afirmar:

> El extrañamiento implica una actitud de asombro ante el mundo, su percepción agudizada. Para poder fijar este término es necesario que incluya

---

[11] Viktor Sklovski, «La construcción de la "nouvelle" y de la novela», en *Teoría de la literatura de los formalistas rusos, op. cit.*, p. 137.

el concepto «mundo». Este término presupone asimismo la existencia del llamado contenido, considerando como tal una investigación atenta y detenida del mundo[12].

Es esto la negación de la *autonomía del arte*, después de haber pensado y asimilado la *autonomía*. No cabe separar forma y contenido, todos los elementos de la obra componen una unidad –que es unidad formal– capaz de generar sus propias leyes internas; el lenguaje se refiere al mundo: viene de él y a él lo devuelve la poesía, fortalecido, eficaz, capaz de incidir en la vida.

Si pensamos cómo se produce esto en un poema, no deberíamos ceñirnos a lo que suele llamarse *anécdota* o a un planteamiento de tipo descriptivo, a las relaciones lineales con la realidad que la historia de la literatura ha ido codificando. Más bien, pienso en gestos referenciales de otro orden, gestos en que la expresión se potencia y potencia el mundo, como diría Sklovski.

*De entrada* es el primer libro que publicó el poeta Miguel Suárez; fue en 1986. Se trataba de un retrato generacional de la melancolía experimentada por quienes, en los años finales del franquismo, habían buscado otra vida, *cambiar la vida*. Pero no me interesa ahora tanto el hilo del libro –organizado en torno a poemas nucleares y memorables como «Diciéndolo de nuevo»–, sino algunos puentes tendidos entre la palabra y el mundo que la rodea. Por ejemplo, estos dos versos:

«Agua turbia», escribió Góngora en 1603 donde yo tomo café, disecado cauce ahora, espectral calle de barriada[13].

La referencia parece segura: está hablando de la Esgueva (así, en femenino, la llamó siempre mi madre), el río que, durante el Siglo de Oro, cruzaba el casco histórico de Valladolid y fue denostado por Góngora, Lope o Quevedo, por su suciedad maloliente. Hoy, desviado por los barrios del este y nordeste de la ciudad, ha perdido sus vie-

---

[12] Viktor Sklovski, *La cuerda del arco* (traducción de Victoriano Imbert), Barcelona: Planeta, 1975, p. 217.

[13] Miguel Suárez, *De entrada*, Salamanca: Barrio de Maravillas, 1986.

jos cauces, que componían una red dispersa de brazos. Los versos de
Miguel Suárez cuentan con esta condensada historia y fijan un lugar
y un tiempo. El lugar, un *desde dónde escribo*: «tomo café», «disecado
cauce». Y el tiempo, un *ahora*, que tiende su onda hacia Góngora,
introduce con él una densidad temporal cargada de metamorfosis en
que a la vez se recuerda que toda escritura lleva –lo quiera o no– su
realidad fechada: «agua turbia» para uno, «disecado cauce» para el
otro, en el mismo lugar. El *aquí* de Miguel Suárez no se limita a esa
esquina azarosa, sino que se extiende por la *barriada* en torno, con su
componente social de clase, y se adjetiva como *espectral*, una vida
tamizada de muerte, una realidad penetrada de irrealidad.

De ese modo, el *desde dónde* no se limita a adherir circunstancias
a la escritura, sino que se convierte en lugar de la palabra, pues interviene decisivamente en la configuración del sujeto. Así, en otra imagen del barrio, podrá leerse: «casas baratas de mi edad y cemento con
grietas», nuevo cruce de espacio y tiempo, en que ya abiertamente
ambos se identifican con el *yo*, se asocian a su identidad, comparten el
mismo espesor temporal y quizá los mismos rasgos físicos. El *yo* no
es distinto de ese *desde dónde* se habla; proporciona referencia para
medir la materia y la edad de las cosas y, en ese gesto, ellas también lo
miden a él, lo definen.

La profundidad de campo que genera esta forma de referir el *desde
dónde* o el *cuándo* del poema puede comprobarse en textos muy dis-
tantes de cualquier intención realista o anecdótica. Pienso, por ejemplo, en *El espía de Dios*, de María Antonia Ortega, libro del que Carlos
Piera escribió que se trataba de lo más próximo a una poesía mística
que en nuestra época podría concebirse. El principio de este largo y
torrencial, inspirado e inquietante poema, es un gesto referencial:

Dios no habita en lo alto, sino en lo profundo, y su revelación dura lo
que un libro que se escribe en una noche[14].

Estamos pues leyendo el «libro que se escribió en una noche», el
contenido exacto, físico de la revelación; el yo que habla queda acotado en ese límite de tiempo, afectado por la intensidad de unas horas
sustraídas a lo cotidiano, que generan en torno a sí un silencio vibran-

---

[14] María Antonia Ortega, *El espía de Dios*, Madrid: Libertarias, 1994.

te, una latencia de extrañeza. Es la imagen de una energía incomprensible, de un cara a cara con un agujero del tiempo, en que se abre la posibilidad de la palabra, un fluir verbal que casi plásticamente podemos ver expandirse:

> En menos que dura una noche con los ojos cerrados descubrí la verdad, y en verdad era una, tan discreta que al irse no dejaba rastro, pues aunque Dios y la verdad no sean invisibles sino transparentes, a veces se pierden como dos huellas de agua.

Las virtualidades referenciales de un *desde dónde* pueden, así, desencadenar la intensidad de un poema. Y este modo firme de situarse en las coordenadas de un mapa, del plano de una ciudad, proporciona un tipo especial de imágenes. *De entrada*, el libro de Miguel Suárez que antes citaba, está encabezado por una cita de Eliot, de *La tierra baldía*, en la que se propone su carácter fragmentario y su estética de la ruina:

> tan sólo conoces
> un montón de imágenes rotas,
> donde el sol bate.

Si subrayamos, sin embargo, con el verbo –*conoces*–, lo que se pone de relieve es la procedencia de las imágenes, tomadas de la realidad, señaladas con gestos deícticos que perciben su presencia, la destacan en el conjunto de objetos ofrecidos a la percepción. Por ejemplo, ésta:

> Tiembla la sombra de la araña, tiembla la sedosa telaraña
> entre los rosales,
> pero no advertimos la silueta de sus presas.

Al leerla, se muestra como una precisa descripción mimética; restituye con exactitud algo que se ha visto. Reconocemos esa clase de percepciones agudas, en que se dan sin diferencia hipersensibilidad, emoción, suavidad, inminencia, intenso y flotante peligro. Por un lado, la imagen se desplaza en una dirección simbólica y se asocia a la atmósfera espectral de que antes hablaba; pero por otro, contiene sin duda el pálpito de lo que ha estado ante los ojos y el tacto, la cualidad de lo que materialmente existe. El sentido crece en la primera dirección, pero para su consistencia es decisivo lo segundo.

*Referencia dividida*. Sólo los elementos que vienen del mundo resuenan dentro de su nombre, se hacen oír por encima de lo previsible. La lectura continuada de una obra nos permite a menudo reconocer mejor estos mecanismos que el encuentro aislado con un poema, con un libro reciente; sensibilizados por las recurrencias que encontramos, por los gestos referenciales, por el relieve de la realidad que las palabras labran, todas las imágenes posteriores van cobrando vida, no ya con autonomía, sino en su compleja dialéctica –constructora y destructora– con el mundo. Cito un texto del libro siguiente de Miguel Suárez, *La perseverancia del desaparecido* (1988); se titula «Al regreso»:

> Fueron ojos de crepúsculo. Nubes
> en desbandada al cerrarlos.
> Horas de miel en el arrabal, luz
> amarillenta hacia el dique,
> negros huertos.
> Fue talón magullado, vómito en la zanja,
> lápidas.
> Allí picoteó el pájaro que gime en tus pulmones.
> Cuerpo desvelado, vagabundo ¿quién arroja,
> sobre tu lecho de harapos, heladas algas?[15]

Literalmente: quien habla ha estado pasando el atardecer en su misma zona preferida de paseo, junto al cauce de la Esgueva; después del cálido y agradable sol, se marcha cuando empieza a caer la noche. El bien del mundo y el mal del cuerpo: cansado de andar, maltrecho, indispuesto, con dolencias respiratorias, con un ritmo que se le hace fúnebre no sólo por acercarse al cementerio de la ciudad, situado también en esos barrios. Las imágenes son denotativas o, quizá mejor, lo que parecen metáforas son «imágenes rotas», fragmentos de realidad. La poderosa fonética –las velares, las bilabiales, las vocales abiertas a la incertidumbre– nos ayuda a sentir el insomnio de quien se despierta en medio de una pesadilla, habitada por figuras arquetípicas, por

---

[15] Miguel Suárez, *La perseverancia del desaparecido*, Madrid: Hiperión, 1988, p. 24.

húmedas y sombrías sensaciones de ahogo. Los materiales afloran directamente, entran en el poema sin cortar amarras con el mundo del que proceden. Se espesan, se cargan de un sentido más intenso y más plural, pero mantienen ese vínculo y en él se fundan. El mundo privado del poeta produce lenguaje tal vez también privado; pero, si al leerlo no nos olvidamos de la realidad, se nos va abriendo, su materialidad nos permite sentirnos más seguros, y podemos seguir el agudo trayecto que va de la miel solar a la angustia de la madrugada, cifrada como una pregunta.

El título de este ensayo procede del libro más conocido del poeta francés Francis Ponge, *Le parti pris des choses* (1942), cuya traducción he publicado dentro del volumen *La soñadora materia*[16]. La historia de la recepción de este libro podría ser la historia del debate sobre la *autonomía* del poema. Mientras Jean-Paul Sartre lo recibió declarando: «no creo que se haya ido nunca más lejos en la aprehensión del ser de las cosas»[17] y contribuyó a que se estableciera para Ponge el apelativo «poeta de las cosas», la evolución posterior de las tendencias teóricas condujo a los tiempos del estructuralismo combativo de *Tel Quel*, en los que Ponge se convirtió en el «poeta de las palabras» por excelencia. Como ya me he ocupado otras veces de esta dicotomía de lecturas[18], me limitaré ahora a anudar algunos detalles con el hilo que vengo siguiendo.

El punto de partida de los poemas de Ponge casi siempre son objetos, seres o fenómenos naturales; no suelen tomar como motivo un objeto considerado en abstracto o en general o desprendido de circunstancias particulares. Al contrario, como ha señalado Danièle Leclair, el objeto aparece asociado a algún gesto del poeta: por ejemplo, «el de las manos, que toman y giran el objeto, lo palpan, lo acarician, lo exprimen o lo rompen»[19]. El motivo del poema resulta del

---

[16] Francis Ponge, *La soñadora materia (Tomar partido por las cosas. La rabia de la expresión. La fábrica del prado)* (prólogo y traducción de Miguel Casado), Barcelona: Galaxia Gutenberg/Círculo de Lectores, 2006.

[17] Jean-Paul Sartre, «L'Homme et les choses», en *Situations,* vol. I, Paris: Gallimard, 1947.

[18] *Cfr.* mis ensayos «Espiral para un Ponge» –prólogo a: Francis Ponge, *La rabia de la expresión* (traducción de Miguel Casado), Barcelona: Icaria, 2001– y «Clave de los tres reinos» –prólogo a: Francis Ponge, *La soñadora materia..., op. cit.–.*

[19] Danièle Leclair, *Lire «Le Parti pris des choses»,* Paris: Dunod, 1995.

encuentro real entre el poeta y el objeto, que se da en un momento y un lugar determinados y que entonces y allí genera determinadas sensaciones y respuestas verbales. El hecho de que Ponge, a partir de 1940, reseñe cada vez más las circunstancias de la relación con el objeto demostraría este carácter personal, emocional incluso, concreto, del origen del poema. La materialidad del objeto se construye con el gesto referencial del *desde dónde*, el que ubica la voz en relación con el mundo.

Pero el trabajo referencial no quedaría ahí: es en la realidad donde radica la exigencia que sufre la palabra, y la realidad ejerce su poder. En el texto que encabeza *La rabia de la expresión*, «Riberas del Loira», se formula con nitidez casi propia de un manifiesto esta poética:

> Que mi trabajo sea una rectificación continua de mi expresión [...] en favor del objeto en bruto.
>
> Así, al escribir sobre el Loira desde un lugar de las riberas de este río, deberé sumergir en él sin descanso mi mirada, mi pensamiento. Cada vez que se haya secado en una expresión, volver a sumergirlo en el agua del río.

Las palabras *se secan* en la expresión, que sólo se humedece, vuelve a cobrar vida en contacto con las cosas. Las palabras están articuladas en un código, siempre al servicio de las mecánicas sociales, mecánicas de poder, mientras que las cosas no pueden dejar de ser *lo otro*, lo ajeno: aquello en que podemos sumergirnos, empaparnos, pero que, en cuanto empecemos a hablar, tenderá a secarse de nuevo. Dinámica de posesión fallida, tentación de refugiarse el habla en sí misma, en la fortaleza de su propio sistema: ¿nutren estos impulsos el principio de la *función poética*? Deseo de realidad, utopía de acercarse al mundo, de ser lo otro: ¿se mueve hacia ahí, en cambio, el *gesto referencial*?

Al considerar estos vínculos tan conflictivos, se advierte cómo las cosas y las palabras van siempre juntas, inseparables, pero su unidad está atravesada por una fisura. Un proyecto como el de Francis Ponge, consciente de esta fisura, la toma como un doble don, un doble manantial de energía: por un lado, otorga sentido al hecho de escribir, entendido como una empresa utópica de sutura; por otro, en ese cotejo, en ese afán, permite acceder a una intensa experiencia de realidad. Quizá uno de los análisis más lúcidos de este conflicto que

nos dejó Ponge está en «Los senderos de la creación», texto prologal
de *La fábrica del prado*; son tres pasos en un proceso de conocimiento de las palabras y de las cosas. Se lee, primero: «Que los fenómenos
del mundo físico, del mundo llamado exterior, sean ya palabras: esto
no ofrece para mí ninguna duda» –y se trata de la certeza wittgenstei-
niana: los límites del mundo son los del lenguaje, no hay mundo sin
palabras, no hay un inefable por nombrar–. A continuación, el análisis disocia los dos polos que la realidad ofrece siempre unidos:

> El movimiento (la emoción) que producen las cosas en nosotros (que
> suscitan en nosotros) y que nos hace a la vez *re-conocerlas como semejan-*
> *tes a su nombre y conocerlas (con sorpresa)*, es decir, *descubrirlas como*
> *diferentes de su nombre.*

La distinción ver/reconocer rebrota aquí, pero con una variante de
interés: la palabra garantiza la estabilidad de los códigos y las rutinas,
mientras que los elementos del mundo físico, la materia, abren la perspectiva de un cambio, son la fuerza que engendra diferencia, que obliga
a moverse al lenguaje. Así se implican el ser de la realidad y la utopía de
la escritura: «Lo que nos hace *reconocer* una cosa como cosa es exactamente el sentimiento de que es *diferente* de su nombre». Es la fisura, la
pequeña e invisible separación de lo junto; es la realidad, que coincide
y se identifica con el lenguaje, pero a la vez lo agrieta y lo socava.

Un libro de poemas que considera la compleja dialéctica entre la palabra y la realidad, sin someterse a esquema ni aplicar ningún proyecto
teórico previo, es *La mujer de al lado*, de la poeta argentina Liliana
García Carril. La primera parte del libro se llama precisamente «Estados de la materia» y está constituida casi por completo por un largo
poema fragmentario y serial, en que el *yo* (muchas veces distanciado
en *ella*) ocupa el lugar de una hija al cuidado de su madre anciana,
enferma y perdida; vive, de este modo, la angustiosa contradicción
cotidiana entre lo doloroso e intenso del vínculo que une a ambas, y
una devastadora experiencia del vacío: «Los ojos de la madre /
no miran, / muestran un campo árido»[20]. En ese medio, la única clase
posible de certeza es la que proporciona el cuerpo con sus sensacio-

---

[20] Liliana García Carril, *La mujer de al lado*, Buenos Aires: Bajo la Luna, 2004.

nes físicas, tan radicalmente físicas que casi no puede acceder a ellas el lenguaje ni registrarlas la conciencia; la *fisura* se sitúa en este lugar, entre la materialidad del cuerpo y la subjetividad de la palabra y la conciencia, sugiriéndose que tal vez se trate de ámbitos escindidos por algo que los hace en buena medida inconmensurables.

Mientras el drama cotidiano se desarrolla sin ruido, el poema emprende el afanoso intento de decirlo, de hacer que la palabra hienda en la desdicha para convertirla, al menos, en vida:

> Es temblor de la materia
> sin ser cosa,
> madera o porcelana
> fatigada es acertijo puro
> y develado sigue siendo
> un acertijo [...]
> Es la madre y estoy segura
> de haber pasado por sus manos.
> ¿Habrán temblado?

Estados de la materia: el estado humano de la materia resulta quizá el más inasumible. De la memoria, del frío conocimiento se intentan traer certezas (así, la de haber nacido de esa mujer: certeza bien conocida, aprendida, increíble), pero no hacen mella. La insistencia en el *temblor* acaso sea un último esfuerzo para retener las sensaciones del lado de las emociones, de los afectos, para no llegar a ser completamente *cosa* (madera o porcelana). El propio dolor personal está en el límite, a punto de perderse de cualquier sentido que no sea meramente físico: «La noche es hundimiento / de materia exasperada / que no cede a la razón».

El poema siguiente, que cito completo, sugiere una evolución de este proceso, podríamos decir, *del lado de las cosas*:

> Las cosas de la casa
> desanimada no se rinden
> al abandono de la madre.
>
> Respira la madera cautiva
> en su forma de mesa
> y respiran los metales
> cautivos en diversas
> formas de vacío. La loza

cruje en tazas y platos
y las telas se inflaman
en vestidos de fiesta,
laten las telas en abrigos.

Las cosas resisten
a su destino
de acumulación de sentido
perdido.

Rompo unas cuantas tazas
como quien hace sonar
una alarma o agita un trapo
en la ventana.

Soy el movimiento
inanimado de las cosas
quietas de la casa.

Mientras la casa está *desanimada*, sin alma, a las cosas se las percibe vivir: respiran la madera y los metales, cruje la loza, se inflaman las telas o laten. Las cosas están en el vacío, pero de modo físico pertenecen a él, se identifican con él: sus formas son los modos de ser también vacío. Sin embargo, un pensamiento que les viene de fuera les encuentra vida, la traduce en animación, intenta eliminar la tremenda distancia que suponen. En las cosas, el tiempo va depositando acumulaciones de sentido, registros de la pérdida; pero ellas no aceptan nombrar ese sentido, manteniéndose fuera del lenguaje. Así, el yo ha pasado de su intensa percepción de animación y vida, a otra de inconmensurabilidad –un *diferendo*, diría Lyotard–, y, como respuesta física al estímulo de una materia muda, hace un gesto arbitrario, romper unas tazas, agitar un paño: se mantiene *del lado de las cosas*. Se asume como materia, renuncia a producir sentido, calla: «Soy el movimiento / inanimado de las cosas / quietas de la casa». ¿Hay entonces reconciliación, o sólo derrota?, ¿hay una nueva forma de conciencia?, ¿una fisura ahora en el silencio?

A menudo, cuando he tenido que pensar sobre las relaciones entre la poesía y la realidad, he recurrido a libros que tratan de fotografía. Sé que son ámbitos muy alejados, que siempre debo situarme en un *como si*, en un juego de paralelismos anulados por una imposibilidad de origen. Y, sin embargo, vuelvo a intentarlo. En esta ocasión, del mismo modo que reactivé al comienzo mis vínculos afectivos y filiales con Sklovski, acabo haciéndolo también con Roland Barthes, en cuya compañía hace bastante que no trabajaba, quizá por una fuerte conciencia de cuánto le debo. Me puse, pues, a releer *La cámara lúcida*, resistiéndome a entrar en su lógica, a supeditarme al argumento que le sirve de hilo, y atravesándolo como al sesgo, con *mi* problema en la cabeza y no con *el suyo*.

Hay en la fotografía, antes de cualquier lectura, una resistencia de las cosas al sentido, un momento de fisicidad que no admite desplazamientos; tal fue, en esta ocasión, mi punto de partida: «en la fotografía –escribe Barthes– la presencia de la cosa nunca es metafórica»[21]. Esa presencia es un cuerpo, un *dónde*, pero sobre todo es un *cuándo*, un *así sucedió*, en cuya afirmación no interviene sujeto alguno. Hubo una mirada, pero lo que cuenta de esa mirada es que tuvo contacto con el referente –según Barthes– «en *carne y hueso*, o incluso en *persona*». La entidad reside en la cosa, la mirada sólo pone el tiempo.

Como es sabido, Barthes distinguía en la percepción de la fotografía el *studium* –el conjunto de códigos culturales que se entretejen en la imagen– y el *punctum*: algo más bien indefinible, de difícil acceso para el lenguaje y que, sin embargo, es lo que *afecta* al espectador, lo que punza, le produce emociones. Lógicamente, es este *punctum* lo que le interesa y se dedica a asediarlo con toda clase de descripciones, comparaciones, ejemplos; comprueba en seguida que no es algo central en la foto, sino lateral, con frecuencia minúsculo, más bien un *detalle*:

> Un detalle arrastra toda mi lectura; es una viva mutación de mi interés, una fulguración. Gracias a la marca de *algo* la foto deja de ser *cualquiera*. Ese *algo* me ha hecho vibrar, ha provocado en mí un pequeño estremecimiento […] (importa poco que el referente sea irrisorio).

Ser algo o ser, en cambio, cualquiera: la individualidad, la sensación de lo irrepetible queda inevitablemente vinculada a la emoción.

---

[21] Roland Barthes, *La cámara lúcida* (traducción de Joaquim Sala-Sanahuja), Barcelona: Gustavo Gili, 1982.

¿Esa *marca de algo* no recuerda al fenómeno del extrañamiento descrito por Sklovski? El que la foto pueda ser reproducida en miles de copias no modifica el efecto. Barthes lo analiza a través del contraste entre *trivialidad* y *singularidad*:

> Debía consentir la mezcla de dos voces: la de la trivialidad (decir lo que todo el mundo ve y sabe) y la de la singularidad (hacer emerger dicha trivialidad del ímpetu de una emoción que sólo me pertenecía a mí). Era como si indagase la naturaleza de un verbo que no tuviese infinitivo y que sólo se pudiese encontrar provisto de un tiempo y un modo.

La curiosa metáfora gramatical nos lleva de nuevo a la idea de una circunstancia fechada y espacialmente acotada, al tipo de vínculo con la realidad particular. He mencionado la diferencia quizá insalvable que separa la escritura de la fotografía; pero hay un momento de su obra, en que Barthes considera un determinado hecho literario confiriéndole rasgos que recuerdan a los que ha encontrado en la fotografía y que, de algún modo, me permiten prolongar la implícita comparación. En verdad, más que recordar, anticipan rasgos, pues se trata de un libro anterior, *El imperio de los signos*, y, dentro de él, de las páginas que dedica al haiku japonés[22]. En ellas, propone, por ejemplo, estos versos de Bashô:

> ¡Cuán admirable es
> aquél que no piensa: «La Vida es efímera»
> al ver un relámpago!

Sin necesidad de comentario, se trata de limitarse a sólo ver, de no añadir nada al ver, de no producir sentido. Ha descrito Barthes el haiku como

> una inmensa práctica destinada a *detener el lenguaje*, a romper esa especie de radiofonía interior que mana continuamente en nosotros, hasta en nuestro sueño, a vaciar, a pasmar, a secar la cháchara incontenible del alma.

---

[22] Roland Barthes, *El imperio de los signos,* Madrid: Mondadori, 1950.

Este estado de no-lenguaje supondría una liberación, una limpieza de la fisura que nos separa de las cosas, y su efecto se acercaría de nuevo al detalle, a lo contingente, a lo que ha ocurrido en un tiempo y en un lugar determinados:

La brevedad del haiku no es formal; el haiku no es un pensamiento rico reducido a una forma breve, sino un acontecimiento breve que encuentra de golpe su forma justa.

«Aprehensión de las cosas como acontecimiento y no como sustancia», resume Barthes: apertura de las palabras a la entidad física de las cosas, neutralización del *sentido*.

Voy a detenerme aquí. Querría, no obstante, considerar aún un poema; un fragmento sólo del largo poema de Jorge Riechmann, «Tanto abril en octubre»:

> Después de la mitoxantrona
> orinas azul.
> Cerca agoniza un muchacho
> a quien han serrado la pierna en la cadera:
> cercenada pesaba treinta y cinco kilos,
> más peso que el resto de su cuerpo ahora.
> Un mesmerizador lo hipnotiza
> para que no quiera morir
> aunque se muere.
> Tú orinas un azul
> contiguo a esa agonía[23].

Es un poema de hospital, un fragmento que recuerda al primer Gottfried Benn, el más *expresionista*. Riechmann hace chocar realidades extremas, emociones extremas. Tales emociones extremas surgen de un gesto referencial, sin el cual sería inimaginable el poema. Hubo una realidad –*así sucedió*– y luego se escribió, a partir de ella, un poema que a ella refiere. Orinar azul, serrar, el peso de la pierna. Una materialidad exacerbada, que se afirma en el fracaso de toda lógica;

---

[23] Jorge Riechmann, «Tanto abril en octubre», en *Amarte sin regreso (poesía amorosa 1981-1994)*, Madrid: Hiperión, 1995.

sólo lo absurdo, lo angustioso no son materia, nombran un sufrimiento en el límite de lo inconmensurable, de lo que se cierra al lenguaje.

De este azul nadie podría decir «símbolo modernista», «color poético»; nadie se acordaría de un azul de Kandinsky o de Klein. Es de la orina y, en ella, de la química más tóxica, la que para curar envenena, contagiado de horror. Sin embargo, trae su intensidad, sin simbolizar nada, vale por sí; su simple evidencia es un valor, su extrañeza evidente: ningún código consigue absorberla.

Como proponía Sklovski, el arte sirve para percibir de nuevo, para limpiar la mirada y permitirle el contacto con las cosas. El trabajo del poeta dispone unos elementos verbales que resisten a la lectura automática, que no se diluyen en lo ya codificado, que se abren en cuanto palabras a la raíz del mundo. Así, el impacto de este *azul*: viene a los ojos de todos, lo estamos *viendo*, vale por sí.

# El ritmo en el verso libre

*Pedro Provencio*

El ritmo es uno de los pocos aspectos que nos ponen en seguida de acuerdo a quienes pretendemos tener algo que decir acerca de la poesía. Más que un elemento constitutivo del verso, el ritmo se considera una condición indispensable de cualquier tipo de poesía. No es que la poesía se escriba con ritmo, decimos, sino que el ritmo es la única forma en que las palabras acceden al estado poético. Es difícil no estar de acuerdo con Octavio Paz cuando afirma que «la frase o "idea poética" no precede al ritmo, ni éste a aquella. Ambos son la misma cosa»[1]. Muy probablemente, el poeta mexicano se refería al ritmo del verso regular, tanto en castellano como en otras lenguas, y en ese caso su afirmación es indiscutible. Pero incluso hablando del verso libre no suelen encontrarse voces discordantes: el ritmo es inherente a cualquier construcción poética y el verso libre incluso cumple más rigurosamente que el clásico con ese precepto porque ser fiel a su especial modalidad de ritmo le confiere carácter propio una vez que ha renunciado a los otros rasgos del verso tradicional (metro, rima, distribución estrófica, etc.).

Un consenso tan evidente se basa, antes de abordar consideraciones más técnicas, en las correspondencias que se pueden apreciar entre el ritmo poético y los ritmos de la naturaleza. Tanto los ciclos astronómicos como los movimientos de nuestro planeta y sus reper-

---

[1] Octavio Paz, *El arco y la lira*, Madrid: Fondo de Cultura Económica, 2004, p. 59.

cusiones en el entorno natural han sido siempre razones para justificar la constante rítmica de cualquier arte, y especialmente de la poesía, en las más diversas culturas. Pero la fisiología humana nos ofrece también ritmos vitales en los que la poesía parece reflejarse por analogía o apoyarse por puro funcionamiento orgánico: los movimientos del corazón, su proyección en el pulso, las alternancias cotidianas como el sueño y la vigilia, y sobre todo –evidentemente– la respiración. En las religiones más antiguas y menos conectadas al poder político y económico, la respiración constituye un cordón umbilical que nos une de por vida a la divinidad subyacente a todo lo que existe. No es extraño que el ritmo con que el aire del habla entra y sale de nuestro cuerpo se haya asociado a las palabras especialmente cargadas de sentido, como lo son la palabra religiosa y la poética.

Y aún encontramos otro ritmo fundamental en nuestra naturaleza, el del acto sexual, que también puede asistirnos a la hora de afirmar que no hay arte sin ritmo, sobre todo si ese arte tiene tanto que ver con nuestro propio cuerpo como el que emplea las palabras en su estado más comprometido. Bien se sabe: la palabra es materia erótica, hunde muchas de sus raíces –¡tiene tantas!– en el deseo de contacto y de fusión con el otro, incluso en el terreno inquietante hacia donde nos empuja el erotismo. Pero ya al considerar el ritmo de la cópula es necesario precisar que no se trata de un sistema tan condicionado como los anteriores, puesto que el sexo humano se escapa de sus ataduras naturales para erigirse en impulso autónomo y arriesgarse a descubrir en la condición humana algo que siendo constitutivo no es sin embargo delimitable ni completamente explicable; no es ni siquiera estrictamente natural. Nuestra fisiología marca pautas muchas veces organizadas en ritmos, pero nuestra actividad consciente no las reproduce sin más: si el fundamento espontáneo de nuestros órganos es un dato básico de nuestra naturaleza, su dominio es la base de nuestra cultura.

Igual puntualización debemos añadir, por cierto, al ritmo de la respiración: al hablar administramos nuestro ritmo pulmonar para que la extensión de los periodos, las exigencias prosódicas o las inflexiones de voz no sufran merma alguna por un fallo en la corriente de aire que entra y sale de nosotros. Obviamente, respirar y hablar no tienen el mismo estatus: hablar es voluntario; respirar, no. Incluso podríamos decir que, aunque la actividad de hablar se construya sobre el acto reflejo de respirar, los dos fenómenos coinciden y se enfrentan a la vez: el habla, como eje de cultura, tiene sujeto y domina –domestica, doma– la respiración, la utiliza en un sentido instrumental y le marca los objetivos que requieren el momento de emisión, la extensión del enunciado o cualquier otra condición añadida a la deriva de los músculos y los conductos corporales. De manera que el ritmo de la respiración, cuando se emplea como base logística de la voz «cantante» o de las notas de un instrumento de viento, se desentiende de alimentar el cuerpo al ritmo idóneo, y se ocupa prioritariamente de «dar fuelle» a la inflexión de voz o al torbellino de notas. No entran en conflicto el ritmo externo y los límites orgánicos porque el cantante o el instrumentista ha conseguido coordinarlos y porque domina la «técnica» hasta el punto de ocultárnosla a los oyentes, pero cuántas veces, escuchando a un solista, nos hemos preguntado cuándo ha podido aspirar tanto aire como parece necesario para producir tanta música. Quizá lo que ocurre es que quien respira no es el intérprete, sino el instrumento. Para poner un ejemplo extremo: entre los oboes árabes, el zorna se toca acumulando aire en la boca hinchada y proyectándolo sin interrupción alguna sobre la embocadura, independientemente de la respiración, que sólo se lleva a cabo por la nariz y tras un entrenamiento arduo.

También conectado con la naturaleza propia y ajena, el tiempo es mucho más que una justificación del ritmo: el ritmo es la versión cotidiana y próxima del tiempo cósmico. Con el ritmo de las artes o de los ritos no se vence el paso del tiempo sobre nuestra existencia perecedera, pero se alcanza un pacto benigno y momentáneo que parece trascendernos y perdurar. Como además la poesía marca ritmos a través del habla, nada más lógico que relacionar la palabra creadora con los ritmos naturales que nos sobrepasan pero en los que sigue sonando, más allá de nuestros límites temporales, el aire de otros hecho palabra nuestra. De nuevo, Octavio Paz lo expresa de manera brillante: «La poesía no es nada sino tiempo, ritmo perpetuamente creador»[2].

Y el ritmo relacionado con el tiempo nos lleva a la música. La hipótesis de que música y poesía surgieran juntas como un solo arte parece autorizarnos a mantener que, al igual que en la música, el

---

[2] Octavio Paz, *El arco y la lira, op. cit.*, p. 26.

ritmo no puede faltar en la poesía, en cualquier tipo de poesía. Sin embargo, lo primero que sorprende a quien observe desde cerca los elementos constitutivos de la música y los de la poesía es que esa analogía entre el ritmo de un arte y el de otra se admita sin matizaciones. En música el ritmo goza de una versatilidad prácticamente ilimitada, y esa misma profusión, diversificada en subdivisiones, reinvenciones y mezclas, según las zonas o las culturas, puede reducirse al mínimo y hasta desaparecer sin que el oído deje de sentirse lleno de fluido artístico convincente. En poesía, el ritmo se establece dentro de unos límites estrechos marcados de antemano por la cadena de signos lingüísticos, puesto que su fijación en la secuencia sonora está condicionada por el carácter acentual o por la composición silábica de esos signos. Se repitan cláusulas o se localicen acentos, las posibilidades de ritmo poético son muy escasas. Mientras un mismo poema no puede albergar fácilmente más de un ritmo, un mismo movimiento de sinfonía de Mahler cambia de ritmo docenas de veces; mientras la expansión métrica de Rubén Darío, siendo amplísima, no sale de los ritmos clásicos castellanos (salvo raras excepciones), unos valses de Ravel difuminan los tres tiempos de rigor hasta perder por completo su relieve. Aun considerando que el ritmo poético es un elemento propio del enunciado y no de la palabra aislada, los esquemas que se pueden trazar están condicionados por la parte que le corresponde a cada acento o a cada secuencia silábica en la construcción del significado. Esa carga de responsabilidad está ausente por completo en el ritmo de la música, donde, como se sabe, no hay significados, sino efectos estéticos asociados a combinaciones formales abstractas. Haydn nos ofrece en su Sinfonía nº 49 la paradoja de un minueto angustioso, mientras los adagios de las últimas sonatas para piano de Schubert, muy consciente de que se estaba muriendo, transmiten una alegría regeneradora. Por otra parte, mientras la música del siglo XX experimentaba una evolución vertiginosa, la premisa rítmica fue minimizada hasta tal punto que en obras fundamentales de Olivier Messiaen o de Sofia Gubaidulina, y no digamos de John Cage o de Giacinto Scelsi, podemos afirmar que el ritmo no existe. Desde luego no es la música actual, tan multifacética (incluso con el descubrimiento de los mil y un instrumentos de percusión del mundo entero, incorporados ya a las orquestas occidentales), la que puede servir para justificar la pervivencia del ritmo más habitual de nuestra poesía, que sigue siendo el que gira alrededor del verso endecasílabo, es decir, un invento renacentista.

Lo que indudablemente tienen en común el ritmo musical y el poético es el hecho de haberse desprendido de su supuesto origen natural para ser construcciones deliberadas, más o menos fértiles en uno u otro género expresivo, pero nunca justificables por analogía con ritmo «espontáneo» alguno. Repitamos lo evidente: no es más propio de la respiración el octosílabo que el endecasílabo y, si damos crédito a la existencia de un grupo fónico del habla, basado en la capacidad media de los pulmones en función de las exigencias articulatorias de una lengua determinada, no debemos olvidar que la lengua literaria hace artificio de lo espontáneo y transforma en intuitivo lo que es fruto de la elucubración formal. Dicho de otra forma, los contemporáneos de Homero no hablaban en hexámetro (parece ser que no hablaban ni siquiera el dialecto literario en que compuso sus poemas aquel hombre), y el alejandrino francés, supuestamente acorde con el espíritu cartesiano, dista del francés hablado lo que la educación elitista del trasiego lingüístico callejero. Los ritmos de lo que hoy llamamos una época o un género expresivo se eligen, se difunden y se aceptan en función de presupuestos literarios, no vienen dados como una segregación necesaria de los parámetros fonéticos de una lengua, aunque en ellos se apoyen y de ellos se sirvan.

Volviendo a la relación entre el ritmo musical y el poético, señalemos que cuando Verlaine postulaba que la poesía fuera «música ante todo» no se refería sólo al ritmo. Su ritmo no difiere del de Hugo, pero su música sí. Si se afirma tantas veces, y con tanta razón, que el endecasílabo de un poeta no es idéntico al de otro, esa distinción hace menos referencia al ritmo que a otros elementos particulares entre los que se encuentra, al nivel fónico, lo que Verlaine llamaba música: colorido vocálico, elección de articulaciones, peso de unas masas sonoras sobre otras. El atractivo irresistible del verso de Verlaine debe mucho a esa musicalidad donde los esquemas rítmicos se diluyen bajo la riqueza de sonidos: un verso como «Mon ombre se fondra pour jamais en votre ombre» («Lettre», de *Fêtes galantes*) tiene un regulador que empieza oscuro, se abre en la primera «a» y llega al límite de expansión en «jamais» para descender de nuevo hacia las nasales y guturales del final, que corresponden a las del principio: «mon ombre», «votre ombre».

Mallarmé, cuya musicalidad no se parece en nada a la de su gran amigo Verlaine, tritura el ritmo preceptivo a base de llenarlo, de apretarlo, de recalcarlo con una densidad tal que en sus páginas ya no leemos las doce o las siete sílabas de rigor, sino secuencias de andadura hipercrítica que están siempre a un paso de la implosión. Antes de la «tirada de dados», el verso clásico de Mallarmé ya parece libre, libre sin límites hacia dentro, como en seguida lo sería hacia fuera.

Las consecuencias del simbolismo en poesía, y en especial la práctica sistemática del verso libre, son contemporáneas de las innovaciones introducidas en la música a finales del siglo XIX como resultado del despliegue romántico iniciado un siglo antes. Cuando Debussy aborda motivos melódicos con timbres inesperados y sobre todo con una armonía excéntrica, pasa por encima del ritmo sin dedicarle especial atención. Muy pronto, en Viena, la extrema tensión del expresionismo musical de Schönberg y sus discípulos daría lugar al giro copernicano de la música del siglo XX. El dodecafonismo explora una amplia gama de posibilidades creativas en cuya formulación teórica el ritmo no tiene realmente peso específico. En 1924 Schönberg estrena la primera obra enteramente compuesta con la técnica integral de las doce notas (*Quinteto de viento*, opus 26); y aquel mismo año, curiosamente, se publica el primer manifiesto del surrealismo. El verso de André Breton es, en palabras de Yves Bonnefoy, «totalmente no musical». Quizá quiere decir no rítmico, pues añade: «no tiene otra ley de engendramiento que el empuje de una voz que va hasta el límite de su aliento, pero en absoluto para cantar [...], [sino] como palabra que reivindica, afirma, dice de golpe su pensamiento»[3]. Los ensayos de verso libre que se venían realizando desde hacía un siglo llevaron al abandono de todo elemento métrico para darle al verso, ya antes pero sobre todo después de Breton, la envergadura del enunciado que profiere, que se pronuncia –en el sentido de «hacer un pronunciamiento»–, sea cual sea su andadura o su extensión, sin atender, en primera instancia, al esquema acentual en que haya de ser escandido.

En nuestra lengua se produjeron por aquellos años una serie de experimentos de primerísimo interés, todos ellos apoyados en el gran tronco del Modernismo que, como se sabe, admitió todo tipo de

---

[3]  Yves Bonnefoy, *Entretiens sur la poésie*, Paris: Mercure de France, 1990, p. 162.

injertos y dio frutos tan nutricios. Ya en los últimos años de aquel movimiento renovador, el boliviano Ricardo Jaimes Freyre definió el verso libre como «aquel que no obedece a la ley musical del que le antecede ni a la del que sigue». De nuevo nos encontramos la referencia a la música como ámbito definido y pleno, en la que el ritmo participa pero no agota por sí solo la musicalidad de un poema. Más aún: Jaimes Freyre fue, creo, el primero de nuestros poetas críticos que habló de «verso arrítmico», y uno de los pocos que hasta hoy se ha atrevido a afirmar que puede existir verso libre sin ritmo de ninguna clase. Claro que también describe ese verso con algún añadido restrictivo, puesto que habla de «la mezcla arbitraria de versos de periodos diferentes y aun la combinación de frases sin ritmo regular alguno». Estas «frases sin ritmo» corresponden a lo que ya se estaba haciendo en el dadaísmo y en seguida se haría en el surrealismo, pero aquella mezcla de «periodos diferentes» se acoge a un elemento netamente preceptivo –cualquier tipo de secuencia prevista– que, como veremos a continuación, parece formar parte de lo que se considera comúnmente verso libre castellano. De todas formas, Jaimes Freyre llega a considerar el verso libre como algo que no es propiamente prosa ni verso sino –dice– «una combinación de elementos conocidos que produce el efecto de una creación»[4].

La formulación teórica de Jaimes Freyre avanzó bastante más que sus propios poemas y sentó unas bases que muy pocos de sus contemporáneos aprovecharon. Cabría considerar el desarrollo irregular del verso libre castellano en una y otra orilla de nuestra lengua para detectar cómo y por qué su novedad pretendió y consiguió resultados tan dispares, pero lo cierto es que quienes lo han estudiado tienen tendencia a descubrirlo, dentro de su diversidad, como un todo ordenado y evidente. Cuando Isabel Paraíso (a quien debo el descubrimiento de Jaimes Freyre), en su conocido estudio, hace inventario de los tipos de verso libre identificados, todos ellos se apoyan en esas secuencias preceptivas que en el caso del poeta y teórico boliviano se llamaban «periodos» y que, variadas en grupos acentuales o en otros esquemas clásicos, caracterizarían el verso libre. De manera que, según esta autora, y según otros analistas que luego veremos, el verso

---

[4] En Isabel Paraíso, *El verso libre hispánico*, Madrid: Gredos, 1985, pp. 90-91.

libre consiste en el *desarrollo libre* de algunos elementos propios del *verso regular*. Así tenemos apartados como «verso libre de cláusulas», «verso libre métrico», «verso libre rimado», «silva libre», «versificación libre fluctuante», «versificación libre estrófica», «canción libre», etc. Lo «libre» de este verso está aplicado a fórmulas acuñadas por la tradición: métrica, rima, estrofa, elementos que no desaparecen sino que se combinan «libremente». El verso libera en unos casos el metro pero no la rima, en otros la estrofa pero no el metro, en otros la distribución de las rimas pero no la estructura de la silva. Si aceptamos esa tipología del verso libre, no podemos decir que exista el verso libre arrítmico; siempre encontramos un esquema, más o menos detectable, apoyado en acentos, en número de sílabas o en cualquier otro tipo de recurrencias ya conocidas por el lector de poesía clásica. Se trata siempre de versos construidos sobre «ritmos fónicos». A otro lado, se nos presenta también el verso libre apoyado sobre cierto «ritmo de pensamiento (o semántico)», en el que después me detendré, y en él volvemos a ver recurrencias, paralelismos, acumulaciones o yuxtaposiciones que no se apartan de lo que ya se venía haciendo en el verso tradicional, aunque se deje una puerta abierta al versículo como salida al ámbito de lo que ya no es verso, sino periodo cuya holgura enunciativa excede consideraciones métricas propiamente dichas.

Esta forma de destacar los elementos paralelísticos preceptivos acuñados en la poesía clásica (sobre todo anáforas, pero también epíforas, aliteraciones, insistencias, resonancias, ostinatos, etc.) para analizar el verso libre es la que le dio tan buenos resultados a Amado Alonso en su análisis de las *Residencias* de Pablo Neruda. Comentando ese estudio, Fernando Lázaro Carreter llega a afirmar, con subrayado suyo, que *«la repetición está en la entraña misma del verso libre, como su fundamental principio constitutivo»*[5]. Lamento discrepar de quienes tanto nos han enseñado a todos, a mí el primero, pero sorprende el protagonismo que se le concede en el verso llamado libre a un recurso de enlace y de encadenamiento como la repetición, en cualquiera de sus formas. Contra mí se erige aquello del principio: no hay verso sin ritmo y la repetición marca, si no un metro equivalente,

---

[5] Fernando Lázaro Carreter, *Estudios de poética*, Madrid: Taurus, 1979, p. 60.

sí al menos una base rítmica a la que el poeta siempre vuelve, sobre todo en el comienzo del verso, para asegurarse de que lo que escribe no es prosa, ni siquiera ese «ni verso ni prosa» que parecía entrever tan lúcidamente Jaimes Freyre. Si la repetición está en el núcleo mismo del verso libre, no parece que haya tanta diferencia entre el nuevo verso y el clásico, y hasta cabe preguntarse si el verso libre no será una cómoda simplificación del regular.

No son sólo los teóricos, también los poetas suelen afirmar que el ritmo es una condición inexcusable del verso. Autores cuya obra poética admiro han declarado en más de una ocasión que antes de escribir un poema lo que aparece en su imaginación es un ritmo a partir del cual las palabras se van concretando. Entre los poetas contemporáneos que tengo el gusto de conocer, muy pocos se atreverían a decir que prescinden del ritmo deliberadamente. Varias veces he sido testigo de cómo algunos de ellos corregían sus borradores de poemas en verso libre, y me han asegurado que lo hacían en función de una mejor consecución rítmica. Confieso que de esas ocasiones parten en buena medida las dudas que expongo aquí, porque al ser consultado sobre una variante más o menos rítmica yo no encontraba nada que decir: lo que para ellos parecía más ajustado a ritmo en un verso libre, para mí no se diferenciaba rítmicamente de la secuencia tachada. A no ser que las palabras reflejaran recurrencias acentuales, lo que no era el caso, a mí no me parecía más rítmica la nueva versión que la anterior. Yo sólo distingo ritmo, creo que como todo el mundo, si el verso lo ofrece de manera perceptible, y en esas ocasiones el ritmo de la imaginación poética de mis amigos tenía que ver con el efecto de sus palabras en su oído interno y no con la percepción mía de sus palabras.

Aquí parece necesario preguntarse si el ritmo en el verso libre responde a motivaciones subjetivas del autor que no se traducen necesariamente en efectos fónicos. ¿Podemos hablar de un ritmo producido, rigurosamente controlado por el autor, que sin embargo no sea percibido por la lectura? Tomás Navarro Tomás advierte que «el verso libre pierde su virtud si sus cambios, divisiones y movimientos carecen de ritmo perceptible», lo que parece coherente con la forma de entender la libertad versal en los profesores Paraíso, Amado Alonso o Lázaro Carreter, pero no se comprende cómo podría percibirse, igual que el ritmo del verso regular, aquel otro que, según el maestro fonetista «se funda en la sucesión de los apoyos psicosemánticos que el poeta, intuitiva o intencionadamente, dispone como efecto de la armonía interior que le guía en la creación de su obra»[6]. No veo cómo puede existir correspondencia alguna entre la armonía interior y la percepción del ritmo en la lectura, a no ser que los apoyos psicosemánticos se traduzcan en efectos fónicos.

Esta forma, para mí insatisfactoria, de describir el ritmo del verso libre parece encontrar una clave descriptiva en el llamado por los comentaristas «ritmo de pensamiento», que es el otro gran apartado de la tipología del verso libre trazada por Isabel Paraíso.

Si convenimos en que el ritmo es un elemento externo basado en unidades discontinuas, no comprendo cómo puede apreciarse en un continuo como el pensamiento, roturado por esquemas lógicos si se quiere, pero sin una configuración de marcas sucesivas o conectadas expresamente de forma identificable. Podríamos imaginar una combinatoria para-enunciativa inherente a cualquier tipo de verso, pero hasta las más sólidas raíces lógicas alimentan ramificaciones semánticas dispares que se iluminan o se oscurecen según los enunciados conexos y según las diferentes lecturas. Por más que unos significados remitan a otros, se asocien, se entrelacen o interaccionen, sólo formarán ritmo si se formulan verbalmente en secuencias perceptibles para el oído ajeno. La alternancia de ideas o su desarrollo no se refleja necesariamente con pautas rítmicas en el pensamiento lector. La expresión «ritmo de pensamiento» –cuyo sentido parece más forzado que figurado– se emplea para identificar recurrencias de imágenes que toman forma de paralelismos sintácticos o léxicos, y entonces no pueden dejar de tener correspondencia fónica. Más allá, más adentro si se quiere, el pensamiento no parece que contenga una reserva de unidades conceptuales a la espera de ser ordenadas temporalmente. Podríamos hablar del ritmo con que los esquemas lingüísticos bucean, o por mejor decir, inciden en el pensamiento, se empeñan en ser pensamiento y lo hacen perceptible en virtud de esas inmersiones, de esas incisiones o de ese empeño, pero no porque el pensamiento se subdivida en segmentos y los autodistribuya rítmicamente. No parece que pueda darse ritmo sin unidades organizadas de manera que lleguen a la percepción marcando el tiempo, actualizándolo en el pre-

---

[6]  Tomás Navarro Tomás, *Métrica española*, Barcelona: Labor, 1986, p. 454.

sente de la enunciación. Esto nos llevaría a preguntarnos por las relaciones entre el pensamiento y el tiempo, que, por lo que a mí se me alcanza, no pueden ser descritas sino como las que mantienen el lenguaje y el tiempo; la confluencia entre pensamiento y tiempo, que sugeriría algo así como el movimiento del pensar, sólo puede ser formulada como la encrucijada entre lenguaje y duración, y así volvemos al nivel perceptible y al concepto de ritmo como posible organización del pensamiento verbalizado.

Me he detenido en la idea de «ritmo de pensamiento» porque es la forma de organización poética a la que se suele recurrir cuando en el verso libre no aparecen claramente los elementos preceptivos clásicos: no hay ritmo fónico, se dice, pero sí lo hay de pensamiento, que depende de la subjetividad del autor y que se traduce en imágenes, en juegos léxicos y en correspondencias semánticas[7]. En mi opinión, si no hay reiteración fónica no podemos hablar de ritmo, y si el pensamiento no se hace perceptible en sonidos concretos, podrá ser detectado en la poesía por otros constituyentes y otros esquemas, pero no por el ritmo.

Intentemos ver cómo se caracteriza el verso libre prescindiendo de toda referencia al ritmo (al ritmo tal como lo hemos definido y como, aun llamándolo «libre» o «de pensamiento», vemos que se sigue considerando en el análisis de la poesía moderna).

Un primer paso está ya dado a propósito de la «música», que no es sólo ritmo sino armonía, tonalidad, modulación de tonos, correspondencia o contraste de intensidades, distancia mantenida o reducida de unos sonidos o de otros, timbres variados o combinados, etc. No cabe duda de que la musicalidad caracteriza a un poeta, más allá del ritmo. Si los ritmos de la poesía de Claudio Rodríguez, mayoritariamente asociados al endecasílabo, suenan de forma muy distinta a como lo hacen los endecasílabos de cualquier otro poeta, no se debe a que las sílabas sexta y décima, o cuarta, octava y décima se muevan de su sitio, sino a que tanto las sílabas acentuadas como las otras llevan algo más que intensidad o debilidad o cadencia. Hay quien piensa –Agustín García Calvo entre otros[8]– que el acento de intensidad no

---

[7] Isabel Paraíso, *El verso libre hispánico, op. cit.*, pp. 57-58.
[8] Agustín García Calvo, *Hablando de lo que habla. Estudios de lenguaje*, Madrid: Lucina, 1989, pp. 328 y ss.

existe o que cuenta menos de lo que se cree, y que en la sílaba tónica
lo que hacemos no es tanto intensificar la emisión de aire como modu-
larla de manera diferente. Tradicionalmente se ha considerado que el
acento español era de intensidad, pero hay estudios fonológicos que
demuestran que al «volumen» «se asocian también otros parámetros,
como el tono y la duración»[9]. En cualquier lengua de nuestro entorno
podemos hacer la prueba, pero en español disponemos de tal riqueza
de «tonadas» que no es difícil percatarse de que la sílaba tónica para
un chileno está en un tono más alto que para un argentino, y no digamos para un mexicano. Y en el resto de la secuencia fónica, de esa
masa sonora donde las palabras no empiezan ni terminan propiamente, las articulaciones ofrecen tal paleta de colores que habría que preguntarse si en vez de escribir «con sílabas contadas» no se escribe con
entonación precisa, lo que también «es gran maestría».

El verso libre responde a esa misma exigencia: cada poeta lo
modula de una forma o de formas particulares, pero no en función de
las distancias entre los acentos de intensidad, sino en busca de un
carácter propio, un movimiento temporal característico, un paso del
tiempo identificable. Como el enunciado subordina las palabras a la
emisión continua de una secuencia completa, el verso es en sí mismo
una hiper-palabra donde las sílabas sobrepasan sus fronteras léxicas
para intentar dar forma a unidades más amplias, complejas y no
inventariadas. A ese nuevo nivel, los elementos musicales que hemos
señalado tienen un cometido determinante por encima de la sonoridad particular de cada palabra. Los acentos de intensidad son liberados de su papel preponderante en el verso clásico para combinarse
con otros constituyentes fónicos tan significativos como ellos y, lo
que es más, portadores de una nueva forma de significar.

Pero quizá sólo leyendo poesía se disipan las dudas sobre cualquier aspecto de la poesía, sea el ritmo o sea cualquier otro. O quizá,
en vez de disiparse, lo que ocurre es que las dudas se hacen digeribles,
dejan de plantearse como dudas y se ofrecen como sugerencias.

El verso libre de Olga Orozco, la autora del primer poema que
propongo leer (véase Apéndice), es inconfundible: ninguna otra poeta

---

[9] David Crystal, *Enciclopedia del lenguaje* (ed. española de Juan Carlos Moreno
Cabrera), Madrid: Taurus, 1994, p. 172. Véase también: Guillermo Andrés Toledo, *El
ritmo en el español (Estudio fonético con base computacional)*, Madrid: Gredos, 1988.

–del ámbito de nuestra lengua y hasta del apartado argentino– suena como ella. Y no sólo para quienes hemos tenido la suerte de escuchar a la autora declamar sus poemas, sino para quien lea dejándose impregnar por las palabras, es decir, disponiendo sus instrumentos mentales –en formación de conjunto variable, raramente como solistas– para ser tañidos por el texto que los ojos tienen delante.

Olga Orozco construye sus poemas generalmente reservando a cada verso o versículo una secuencia sintáctica completa, no siempre un enunciado con inicio y cierre pero sí un elemento constitutivo coherente, un segmento identificable en el enunciado global. De esa forma, apenas encabalga; aprovecha cada emisión de voz, como Yves Bonnefoy decía de André Breton, para desencadenar un «pronunciamiento» enlazado a otros pero de suficiente autonomía fónica. En el primero de sus *Cantos a Berenice*, el ritmo clásico hace su aparición en el verso 4, alejandrino, en el 5, suma de un endecasílabo y un heptasílabo, en los 6 y 7, endecasílabos, y en el penúltimo, heptasílabo, incluso en la asonancia de los versos antepenúltimo y último; pero, en mi opinión, nada de eso es tan determinante como el movimiento que adquieren los versos llevados más allá de los metros habituales, esos versículos de ambición apasionada donde se nota –se percibe fónicamente– la intención de extenderse abarcando un espacio de búsqueda significativa. Cada verso se lanza desde el comienzo a ver si llega a un límite desconocido, y no llega nunca, pero lo vuelve a intentar. No es el ritmo la garantía de que estamos leyendo verso y no prosa, como tampoco lo es de manera determinante la musicalidad, que en sí misma no fija significados; es algo inherente al arte verbal y quizá a ningún otro: ese impulso por tender, esa tendencia, esa tensión.

En cualquier tipo de poesía el ritmo es una cuestión de dinámica, pero no es la única. Cualquier poema imprime a la voz un movimiento determinado por su ritmo, pero también por otros recursos fónicos que en el verso clásico no aparecen siempre en primer plano y que en el verso libre afloran de manera sobresaliente y hasta abrupta. En el verso clásico el ritmo mantenido desde el principio hasta el final deja caer los acentos en los mismos vértices de la escansión y produce un efecto de dominio del tiempo, incluso de detención del tiempo. Las palabras, no sólo mediante el ritmo sino también apoyadas en él, le dan al tiempo una forma de no estar pasando o, lo que es igual, de pasar desde aquí hasta aquí mismo. En la versificación libre, sin embargo, al seguir aquella pauta que señalaba Jaimes Freyre, la acotación versal no repite los apoyos de la anterior ni va a reflejarse en la siguiente, de manera que se produce un fenómeno que supone «la aplicación del principio de "irresolución de la anticipación dinámica"»[10]. En el poema clásico, desde los primeros versos, la lectura cuenta ya con la impronta de una resolución rítmica y sabe por anticipado qué apoyos se va a encontrar en los versos siguientes. En el verso libre, por principio, esa anticipación se deja sin resolver. La dinámica del poema de verso libre no se dirige en una dirección determinada por el ritmo, sino que está condicionada por un impulso atomizado, irresuelto e irrepetible. Cada paso que da se dirige en un sentido no previsto y no hace eco de ningún otro anterior ni anticipa otro similar. Eso no implica necesariamente que los versos de medida tradicional hayan desaparecido por completo, pero sí que están condicionados por una andadura distinta y más compleja. El verso libre prescinde de la seguridad que da el ritmo regular y cada vez que se lanza desde el margen de apoyo explora un margen opuesto indefinido en el tiempo de la dicción, en el placer de la lectura y en la construcción del significado.

El mismo fenómeno se repite en el poema «Aventurière», de Juan Larrea. En sus dos lenguas el poema se lee como una pieza de acabado seguro de sí mismo pero que no ofrece seguridad alguna a la lectura. Los versos abarcan –como en el poema de Olga Orozco– secuencias sintácticas coherentes, de manera que la falta de signos de puntuación se suple con la cadencia suficientemente cerrada de cada verso. Pero si nos fijamos en el ritmo, y en las notas al pie, vemos que en francés aparecen dos alejandrinos, el 5 y el penúltimo, y que Larrea ha traducido de forma que esa regularidad desaparezca. Al optar por «naipes triunfales» en el verso 4, Luis Felipe Vivanco ha escrito un alejandrino español, cosa que Larrea evita en su traducción al preferir «triunfos». Igual ocurre con el verso 5, donde al invertir los dos adjetivos iniciales de la versión francesa, Vivanco equilibra el alejandrino, pero no Larrea, que lo deja irresuelto deliberadamente, lo que probablemente es un reflejo de que en el original la cadencia de los hemistiquios no era deliberada y que incluso podía sobrar. La versión de

---

[10]  Iuri Tinianov, *El problema de la lengua poética* (traducción de M.ª Luisa Pojak), Buenos Aires: Siglo XXI, 1972, p. 31.

Larrea es más fiel al verso libre que la de Vivanco. Quizá Vivanco se deja llevar por el pie heptasílabo, que tantas veces supone ese apoyo inicial del verso a partir del cual el poeta ya se siente justificado para hacer verso libre o incluso versículo, muchas veces reproduciendo periodos heptasílabos combinados con versos de nueve, de once o de catorce sílabas: así ocurre en el poema de Orozco, donde el heptasílabo es el trampolín desde el que las palabras se lanzan hacia los versos más libres, incluso el pie en que están construidos el primer verso y el octavo (3 x 7). El fenómeno es muy común (Luis Rosales lo empleó ampliamente en sus últimos libros) y valdría la pena analizarlo para observar si precisamente al prescindir de ese pie inicial es cuando la libertad del verso cobra un movimiento más propio.

El verso libre opta así por el desequilibrio dinámico, o mejor, por una dinámica evadida del metro, antimétrica, por un movimiento a la intemperie temporal, por un destiempo. Y ya que aludimos a la concepción del tiempo, no será ocioso recordar que mientras el verso libre intentaba darse carta de naturaleza, en aquel primer tercio del siglo XX, el concepto de tiempo en física experimentaba un cambio radical. De nuevo era Octavio Paz, lúcido como siempre, quien nos recordaba, ya al final de su vida, que el poeta no puede desentenderse de la cosmología contemporánea[11]. Pensemos qué dirían ante la física cuántica dos *ingenios* como Boscán y Garcilaso.

El verso libre, ese vector que tiende sin llegar, parece ser algo tan ajeno al metro clásico y equilibrado que se empeña sobre todo en no ser precisamente «metro». Así, la anacrusa, que según los manuales de métrica no cuenta para el cómputo rítmico, en el verso libre se extiende y ocupa el verso entero, desplaza al metro y sobrevuela las posibles subdivisiones tradicionales sin tenerlas en cuenta, hasta marcar sólo el acento final, ése que nos replantea la gran cuestión nunca totalmente resuelta: ¿por qué cortar ahí y no antes o después?

La dinámica discontinua del verso libre no deja de cumplir con una condición imprescindible del verso: se interrumpe en un momento dado, se detiene para volver al verso siguiente. El poeta encuentra un límite, quizá un vacío, en el que si avanzara su palabra se borraría, esa palabra y no otra, ese momento de esa palabra y no otro; el verso ha encontrado un no más allá, de manera que, independientemente

---

[11] Cito de memoria de una entrevista periodística.

del momento sintáctico, el momento métrico se ha acabado. Para Giorgio Agamben, «ninguna definición del verso es totalmente satisfactoria, a excepción de la que certifica su identidad respecto a la prosa a través de la posibilidad de encabalgamiento». En la poesía de Giorgio Caproni, que él analiza, «esa tendencia al encabalgamiento se exaspera hasta límites inverosímiles: el encabalgamiento devora al verso»[12]. La ruptura sintáctica es, según el filósofo italiano, la única condición imprescindible de todo verso. Aunque no lo aclara, se deduce que en el verso de finales sintácticamente equilibrados el encabalgamiento no interrumpe la sintaxis del enunciado sino la del texto. La interrupción es operativa en todo tipo de verso, pero en el libre, como él dice, «se exaspera», o quizá es −me permito añadir yo− lo propiamente constitutivo, «la entraña misma».

De esta forma, el verso libre tiene un solo acento, el final. Y como la secuencia de palabras previas es inestable −su fijación como verso es deliberadamente antimodélica−, ese acento marca la discontinuidad, opta por la desmedida, acepta la desmesura.

Pero esa interrupción final del verso, ¿a qué obedece? ¿No será eludir el problema la apelación al conjunto del texto poético como engranaje donde cada verso particular se justifica cohesionando irregularidades? ¿Podemos detectar alguna causa objetiva como motivación, o tendremos que recurrir de nuevo a la intuición del poeta, a los dictados de su armonía o su desarmonía interior? No conozco respuestas satisfactorias, y hasta me inclino a pensar que no pueden existir. Al preguntarnos algo así estamos pidiéndole al verso libre lo que no le pediríamos al clásico: más allá del metro regular mantenido, ¿por qué un poeta que escribe silva moderna o endecasílabos blancos encabalga más en unos poemas y menos en otros, más en una parte del poema y menos en otra? Aunque a veces nos acerquemos a posibles condicionantes como el temperamento de la dicción o el desarrollo de las imágenes −si no se trata sólo de parapetarse cómodamente tras el molde seguro−, no podemos hablar de razones objetivas y menos aún en el verso libre.

Pero la pregunta debe seguir en el aire, sobre todo a la hora de escribir poesía: ¿qué distingue al verso libre de la prosa cortada?

[12] Giorgio Agamben, *Idea de la prosa* (traducción de Laura Silvani), Barcelona: Península, 1989, p. 21.

Incluso considerando que la prosa más evidente puede ser integrada al texto poético, tal como ocurre con el verso clásico, la cuestión debe planteársele al poeta cada vez que vuelve al margen de apoyo. Se trata de una incógnita permanente que sólo en su falta de respuesta produce efecto poético. Un efecto necesariamente movedizo, por supuesto, inestable. Por eso, quizá podamos extraer alguna concreción volviendo a considerar la dinámica no resolutiva. El acento final confiere al quiebro sintáctico la tensión máxima del verso libre, pues en él se apoyan sin equilibrio alguno lo dicho hasta ahí y lo imposible de decir más allá, lo lleno hasta entonces y lo vacío de después, y del verso que sigue no podemos esperar resolución, incluso si en él la sintaxis reencuentra su cauce lógico. La lectura sin apoyos rítmicos acumula dicción previa –sólo previa–, intensifica la dicción en vilo de la anacrusa para no llegar más que a un acento final, desde donde se le obliga a saltar hacia una nueva secuencia de recorrido insoluble: el verso libre desemboca, por amor al vacío (no «horror», sino «amor vacui»), en su vaciado, no en su reflejo simétrico sino en el riesgo de su disolución.

Para describirlo con otra metáfora: el verso libre es un nudo de tensiones apoyadas en el acento final y organizadas en forma de red a lo largo del poema: cada nudo tiene un trenzado particular pero el conjunto está mantenido por ese «aspecto cinético del significado que es la forma poética»[13].

El poema ya no se mueve con ritmo concéntrico, ni con acentos previstos donde el tiempo parece obedecernos, sino en direcciones excéntricas: el vector de cada verso explora sin perder de vista el terreno acotado y el que después se va a acotar, pero su dirección es única, tanto que incluso puede darse por perdida. Quizá sea en el verso libre donde el «sentimiento de pérdida» posromántico encuentra su ámbito propio. En ese terreno minado, que los simbolistas exploraron y las vanguardias adoptaron como propio, el tiempo no es homogéneo y su medida es ilusoria. No dominamos el tiempo como con el ensalmo del ritmo regular, sino que hablamos con la dicción inestable de un movimiento temporal dispar. Y la dinámica del poema, fuera del equilibrio rítmico, crea un texto que, como entreveía ya Jaimes Frey-

---

[13] Lawrence Kramer, «Música y poesía: Introducción», en VV. AA., *Música y literatura* (ed. de Silvia Alonso), Madrid: Arco-Libros, 2002, pp. 29 y ss.

re, no es ni prosa cortada ni verso indiscutiblemente caracterizado, sino una «extraña criatura que no entra en los dominios de la métrica, sino en los más amplios de las formas de expresión», «una combinación de elementos conocidos que produce el efecto de una creación». Quizá lo que mis amigos poetas se esforzaban por corregir en sus borradores no era el ritmo, sino el dinamismo que las palabras ambicionan tener en cuanto se relacionan entre sí y se dirigen juntas hacia el máximo de sentido que nunca alcanzarán, pero al que siempre tienden. No era el ritmo, sino la tensión.

En cuanto a los dos poemas restantes, no los traigo aquí como ejemplos de cuanto he dicho, sino, al revés, como modelos: al igual que los de Olga Orozco y Juan Larrea, los he leído y releído para intentar explicarme. Si estas dudas mías persisten y dan fruto en la reflexión de algún lector, es preferible que lo hagan simultáneamente a la lectura de poesía, más allá de mis comentarios.

El poema de Lezama Lima –«Fragmentos de la noche», de *Fragmentos a su imán*–, discurre prescindiendo por completo de los metros que a veces se producen (arranca con un endecasílabo), dándose carácter por su dinámica discursiva propia y no por la repertoriada en preceptiva alguna. Lezama, incluso cuando escribe octosílabos, practica el versolibrismo.

El último texto está escrito por un poeta que es a la vez músico, Ildefonso Rodríguez. Se trata de una canción –«Canción de las migas de pan», composición final de *Política de los encuentros*– que sale de los esquemas clásicos o populares y juega con el encabalgamiento como si cada sílaba final de verso se abriera a un espacio que atrae, se diría, para abrazar, para reconciliar, aun en la misma dispersión propia del verso libre. Y me satisface acabar con el final de esta canción donde las delicadas tensiones de todo el poema parecen sintetizarse para apuntar hacia un objetivo común utópico y presente:

> escucha: es un fraseo de impulsos
> electricidad viva en la yema de los dedos
> hacia algún sentido.

## APÉNDICE

*Olga Orozco*[14]

Si la casualidad es la más empeñosa jugada del destino,
alguna vez podremos interrogar con causa a esas escoltas de
                                                    [genealogías
que tendieron un puente desde tu desamparo hasta mi exilio
y cerraron de golpe las bocas del azar.
Cambiaremos panteras de diamante por abuelas de trébol,
dioses egipcios por profetas ciegos,
garra tenaz por mano sin descuido,
hasta encontrar las puntas secretas del ovillo que devanamos juntas
y fue nuestro pequeño sol de cada día.
Con errores o trampas,
por esta vez hemos ganado la partida.

*Juan Larrea*

AVENTURIÈRE[15]

Pour attirer le ciel et ses égards les plus purs
elle fait mine d'aimer les aigles en tant qu'aigle
à la manière des allumettes
elle ne fait pas un mystère de ses atouts

Fragile systématique le passé se redresse
sous ses arcades sourcilières
comme un soldat connu

Quoique l'or ne commence qu'où finit sa présence
sa faiblesse n'est pas une simple affectation de la lumière

---

[14] *Obra poética*, Buenos Aires, Corregidor, 1985, p. 165.
[15] *Versión celeste* (ed. de Miguel Nieto), Madrid: Cátedra, 1989, pp. 250-251. De esta edición proceden las tres notas siguientes.

AVENTURERA[16]

Para atraer el cielo y sus atenciones más puras
ella aparenta amar las águilas en cuanto águila
al modo de las cerillas
no hace ningún misterio de sus triunfos[17]

Frágil sistemático[18] el pasado se yergue
bajo sus arcos ciliares
como un soldado conocido

Aunque el oro sólo empieza donde termina su presencia
su debilidad no es simple afectación de la luz


*José Lezama Lima*

LOS FRAGMENTOS DE LA NOCHE[19]

Cómo aislar los fragmentos de la noche
para apretar algo con las manos,
como la liebre penetra en su oscuridad
separando dos estrellas
apoyadas en el brillo de la yerba húmeda.
La noche respira en una intocable humedad,
no en el centro de la esfera que vuela,
y todo lo va uniendo, esquinas o fragmentos,
hasta formar el irrompible tejido de la noche,
sutil y completo como los dedos unidos
que apenas dejan pasar el agua,
como un cestillo mágico
que nada vacío dentro del río.

---

[16] Traducción de Luis Felipe Vivanco.
[17] En Vivanco: «Naipes triunfales». Larrea en su traducción de «Fécondation immortelle» emplea la acepción de «triunfos» para «atouts».
[18] Vivanco invierte el orden de ambos términos.
[19] *Poesía completa*, vol. II, Madrid: Aguilar, 1988, p. 68.

Yo quería separar mis manos de la noche,
pero se oía una gran sonoridad que no se oía,
como si todo mi cuerpo cayera sobre una serafina
silenciosa en la esquina del templo.
La noche era un reloj no para el tiempo
sino para la luz,
era un pulpo que era una piedra,
era una tela como una pizarra llena de ojos.
Yo quería rescatar la noche
aislando sus fragmentos,
que nada sabían de un cuerpo,
de a tuba de órgano
sino la sustancia que vuela
desconociendo los pestañeos de la luz.
Quería rescatar la respiración
y se alzaba en su soledad y esplendor,
hasta formar el neuma universal
anterior a la aparición del hombre.
La suma respirante
que forma los grandes continentes
de la aurora que sonríe
con zancos infantiles.
Yo quería rescatar los fragmentos de la noche
y formaba una sustancia universal,
comencé entonces a sumergir
los dedos y los ojos en la noche,
le soltaba todas las amarras a la barcaza.
Era un combate sin término,
entre lo que yo le quería quitar a la noche
y lo que la noche me regalaba.
El sueño, con contornos de diamante,
detenía a la liebre
con orejas de trébol.
Momentáneamente tuve que abandonar la casa
para darle paso a la noche.
Qué brusquedad rompió esa continuidad,
entre la noche trazando el techo
sosteniéndolo como entre dos nubes

que flotaban en la oscuridad sumergida.
En el comienzo que no anota los nombres,
la llegada de lo diferenciado con campanillas
de acero, con ojos
para la profundidad de las aguas
donde la noche reposaba.
Como en un incendio,
yo quería sacar los recuerdos de la noche,
el tintineo hacia dentro del golpe mate,
como cuando con la palma de la mano
golpeamos la masa de pan.
El sueño volvió a detener a la liebre
que arañaba mis brazos
con palillos de aguarrás.
Riéndose, repartía por mi rostro grandes cicatrices.

*Septiembre y 1972*


*Ildefonso Rodríguez*

CANCIÓN DE LAS MIGAS DE PAN[20]

Soñé que veía una ciudad
invencible al asalto del mundo entero
soñé que era la nueva ciudad de los amigos
escribió Walt Whitman

en una lengua curativa
hablar: los vahos balsámicos
mentol y aceites esenciales
decir todas estas palabras

y aquí estamos otra vez
en el baile de los contrarios

---

[20] *Política de los encuentros,* Barcelona: Icaria, 2003, p. 109.

así que es una casa común
con los rasgos de una madre
sol y luna son la luz
las bombillas
en el juego de esconderse y dar la cara
la levedad de todo aquello
que es material y es cercano

y entonces una voz que no fue convocada
dice su miedo
el cuento infantil del zapato
en un zapato negro no quiero vivir

repentino llega a la nariz
un sentimiento inalcanzable
hierba segada
y polvo del heno luminoso
lo húmedo y lo seco
odio y dolor en los cañaverales
entre dos ríos: Éufrates y Tigris

y sigue la voz aquella
era como se bailaba entonces
el baile familiar de la tarasca
y el pigmeo que cantando defiende su vida

es cortar los sueños de un tajo
sí o no

ése que come su arroz con alegría
y come también su alpiste amargo

ahí asoma la lengua negra
la culebra de los ojos rasgados
expulsa sus heces el miedo

uno adiestrado en oír
cascabeles muy menudos invisibles
cordeles sonoros

pero lo sobrevenido es
que un dedo cariñoso te enseñe a ver el cielo
ahí está Orión allá Casiopea
en el prado vivo del verano

vulva y tallo
el invisible
se desprende de su raíz
está apareciendo

pero una sola hoja sensitiva
y el sonido trae su punzada
su emoción

y los rayos de la proximidad
sobre nuestras cabezas
aquí seguimos por ahora
en el baile de los contrarios
con toquecitos blandos
hilando cada día amuletos
contra el despilfarro de la energía

con ternuras tensas
son buenas las palabras ilegibles
trazadas (eso sí) por mano conocida

huele el saúco
su médula
el espíritu de los huertos solitarios
un olor con poder

agua fría humos astillas de la infancia
y ahora siniestro
suena un saxofón con su voz de muñeca

la casa que renovó el tiempo de lo nuevo
nueva sigue pareciendo cada día
aunque padezcamos sueños borrosos

tela de qué vestido charquito
corteza de un árbol que ya no sé nombrar
brotan palabras bajo la yema de los dedos

la liebre de marzo nos miró
nos saludó con las orejas
los campos eran geometrías vivas
aún estaban sembrados

y vimos también el vuelo de las cosas
campanas que tienen nuestros años
(izquierda derecha un dos tres)

yo sigo en lo mío
oigo desde aquí un coro en la cocina
las voces que quiero: un aire
como de flautas y cuentos antiguos
ese aire qué suave y confuso es

despierto entonces con ganas de sentir
que vuelve todo aquello
y es buscar en el coro dos palabras
nunca siempre

por esa senda vamos
y aquí seguimos tejiendo
el plazo temporal el amuleto
alimentado con hilos y espigas secas

pero en todo: hojas gotas de lluvia insectos
hay mirada

el pensamiento es
un trozo de pan que se comparte
escribió Abdelkader El Yanabi

escucha: es un fraseo de impulsos
electricidad viva en la yema de los dedos
hacia algún sentido.

# Ensayo sobre la desaparición. Símbolo y experiencia en Antonio Gamoneda

*José Manuel Cuesta Abad*

«[T]odo es símbolo». Hay algo intempestivo en esta afirmación, como si una voz del pasado regresara en ella para declarar una verdad o una certeza ya no del todo comprensible. La frase puede leerse en las primeras páginas de los ensayos que Antonio Gamoneda reunió bajo el título de *El cuerpo de los símbolos*[1]. Es un lema que enuncia un corolario y un principio: la conclusión a la que llega un poeta en la reflexión sobre su propia tarea creadora y la convicción de que su escritura está trabajada por una experiencia cuya autenticidad concierne al fondo esencial de lo poético. Lo intempestivo de esa frase tiene que ver, no ya con una muy antigua tradición en la que el símbolo, pletórico de contenidos míticos, religiosos y metafísicos, penetraba toda esfera de existencia y de conocimiento, sino más bien con los posibles sentidos que emite lo afirmado en relación con la singularidad de la obra poética a la que se refiere.

Una pregunta parece imponerse casi de inmediato: ¿quién puede decir hoy que «todo es símbolo»? Quizá sólo a un poeta le sea concedido *en estos tiempos* decir algo así, con una rotundidad a la que no cabría responder más que con la atención sin doctrina que reclaman sus poemas. El poeta habla siempre a destiempo, conserva lo anacrónico en el símbolo, custodia una voz del pasado que irrumpe en un

---

[1] A. Gamoneda, *El cuerpo de los símbolos,* Madrid: Huerga & Fierro, 1997, p. 11. En adelante citaré esta obra como CS. La obra del poeta está recogida en A. Gamoneda, *Esta luz. Poesía reunida (1947-2004)* (epílogo de M. Casado), Barcelona: Galaxia Gutenberg/Círculo de Lectores, 2004.

presente extraño o refractario a sus palabras. El poema dice la intempestividad: de lo simbólico. Lo intempestivo es el símbolo. Luego:
todo es intempestivo. Si un cuerpo puede ser simbólico, si todo cuerpo lo es en el poema, es ante todo porque lleva en sí o sobre sí la
marca de un desfase temporal, de un no contemporizar del poema
con su presente, de un ausentarse del cuerpo transformado en presencia de los símbolos. La frase de Gamoneda, que se inscribe en el contexto de una justificación del título de su libro y del ideario poético
en él insinuado, será aquí el punto de partida para una exploración de
esa presencia extemporánea. Comencemos por retomar y extender el
enunciado inicial: «todo es símbolo; todas las formas de lenguaje
artístico son de naturaleza simbólica. Así lo creo a fuerza de sentir-
lo». Líneas después el poeta se expresa en estos términos:

> El signo es el resultado de un convenio; *el símbolo* (al menos el símbolo
> de la especie que a mí me interesa) *es él mismo una realidad.*
> Tampoco me estorba que el símbolo pueda, aparentemente, no sim-
> bolizar nada. Esto no será verdad. Si se trata ciertamente de lenguaje
> artístico, ocurrirá que simboliza algo que se desconoce o que, simple-
> mente, el símbolo se simboliza a sí mismo. En el primer caso, el producto
> artístico estará tocado por un hermetismo; en el segundo, por un realis-
> mo. El problema sigue sin aparecer; lo importante y dirimente será que
> hayamos percibido *la energía del símbolo* (CS, p. 11).

Tenemos pues dos regímenes de lo simbólico: el símbolo hermético y el símbolo realista (símbolo-de-sí o autosímbolo). El hermetismo consiste en el hecho de que el cuerpo simbólico –digamos que el
significante como señal corpórea– remite a algo desconocido y, por
tanto, sigue siendo un signo cuyo significado, críptico u oscuro,
queda sin determinar a la espera de un desciframiento prejuzgado
factible. El símbolo hermético sería entonces una suerte de *signo
inconveniente*: un significante al que ningún significado conocido
parece convenir, o al que sólo parece venir la ausencia del significado
usualmente convenido. En la tradición poética moderna esta incon-
veniencia hermética del signo tiene un exponente en el ideal de la poesía simbolista. Un ideal precariamente fijado, por ejemplo, en el último verso del poema «Le Voyage» de Baudelaire: «Au fond de
l'Inconnu pour trouver du *nouveau*!». Lo desconocido no se confunde aquí con un significado oculto tras las metáforas audaces o las con-

notaciones subjetivas del poeta, ni se reduce a ningún sentido velado por las imágenes antes o después descifrables del poema. Lo ignoto estaría más bien en el espacio atópico e irreal donde el deseo de liberación del tedio melancólico sitúa el *novum*. Para Baudelaire lo nuevo sólo puede hallarse en el «fondo de lo Desconocido», un abismo –quién sabe si celestial o infernal– al que únicamente da acceso la muerte[2]. En la poesía simbolista el contenido desiderativo de *l'inconnu* no es otro que, según dirá después Rimbaud en las *Lettres du voyant*, la novedad absoluta a la que aspira el poeta mediante la inspección de lo invisible e inaudito. Al límite, lo desconocido (lo más nuevo, lo invisible e inaudible) del símbolo está en y tras la muerte. La muerte no puede decirse, pero el poema está siempre por decir justamente aquello que no puede decirse. Es ésta una idea que, como veremos, cabe encontrar de otro modo en Gamoneda, cuya concepción de lo simbólico tiende, en cambio, a distanciarse del hermetismo en una defensa del realismo del símbolo. Un realismo que se define, a su vez, por el hecho de que «el símbolo es él mismo una realidad o se simboliza a sí mismo».

El símbolo poético es realista por ser real o porque su modo de ser es el mismo que el de esa realidad que él mismo simboliza... Estamos, en efecto, ante una tautología que parece anudarse en bucles cada vez más cerrados, de suerte que todo se resolvería finalmente apelando a una captación empática de la intuición visionaria del poeta. Sin embargo, la radicalidad de la experiencia poética de Gamoneda requiere un acercamiento crítico a su concepción de lo simbólico. ¿Cómo entender, cómo *sentir* incluso que un símbolo se simboliza a sí mismo? Puesto que un símbolo tiene siempre un cuerpo, y un cuerpo sólo llega en el poema a ser simbólico en tanto que se simboliza a sí mismo, ¿cómo puede ser un cuerpo *símbolo-de-sí* sin dejar de ser mera realidad corporal, simple cosa asimbólica, incapaz de simbolizar nada, ni siquiera su mismidad muda? Veamos otro momento en el que se reanuda el juego de las tautologías:

---

[2] Los últimos versos del poema «Le Voyage» repiten esta invocación: «Ô Mort, vieux capitaine, il est temps! levons l'ancre! / Ce pays nous ennui, ô Mort! Apareillons! / Si le ciel et la mer sont noirs comme de l'encre, / Nos cœurs que tu connais sont remplis de rayons! // Verse-nous ton poison pour qu'il nous réconforte! / Nous voulons, tant ce feu nous brûle le cerveau, / Plonger au fond du gouffre, Enfer ou Ciel, qu'importe? / Au fond de l'Inconnu pour trouver du *nouveau* ».

En el poema manejo palabras cargadas con valor simbólico, pero se trata de un simbolismo con un solo miembro: el símbolo es, en su naturaleza, aquello mismo que simboliza. Dicho de otra manera: es símbolo de sí mismo. La realidad *es* simbólica y yo soy un poeta realista porque los símbolos están verdadera y físicamente en mi vida. Sigo siéndolo al aprovechar su energía intelectual (la del símbolo). Cuando digo: «esta casa estuvo dedicada a la labranza y la muerte», hay aparición de símbolos, sí, pero sucede, además, que esta casa estuvo realmente dedicada a la labranza y la muerte.

Siempre he dudado de la verdad de algo que, sin embargo, se me atribuye con frecuencia; se afirma que hay un componente surrealista en mi poesía, particularmente en *Descripción de la mentira*. Yo no lo creo así. Cuando digo: «Hay azúcar debajo de la noche, hay la mentira como un corazón clandestino debajo de las alfombras de la muerte», yo sé, apenas lo he dicho, que estoy rescatando materialidades de mi infancia, cuerpos reconocibles: yo robaba el azúcar, jugaba con las alfombras y mi madre me predicaba con la muerte. No se trata, pues, de imaginería «delirada»; se trata de invocar el tiempo, el transcurrido, mi tiempo. La palabra puede tener un aura simbólica, pero, ya lo dije antes, el símbolo lo es de sí mismo (CS, pp. 26-27).

Este pasaje contiene un postulado ontológico: «La realidad *es* simbólica». La ley del subrayado tipográfico es a menudo ambigua y las cursivas pueden indicar ya sea un énfasis que llama la atención sobre la fuerza apodíctica de lo asertado, o ya una especie de atenuación del poder declarativo de la cópula (si no ambas cosas a un tiempo). Pero además ese «es» estaría sugiriendo ahí su propio carácter simbólico, el de su realidad misma, el de todo lo que *es* real y, en razón de ello, se simboliza a sí mismo. La tautología comienza de nuevo a propagarse en los ejemplos que ofrece Gamoneda. Así, el verso «esta casa estuvo dedicada a la labranza y la muerte» (*Libro del frío*) encierra un símbolo poético porque, advierte el poeta, «esta casa estuvo realmente dedicada a la labranza y la muerte». El símbolo se explica duplicándose en la repetición, la realidad que le es propia se despliega replegándose en la reproducción (casi) idéntica de su cuerpo literal. Incluso la explicación *vivencial* de los versículos de *Descripción de la mentira* que comienzan con «Hay azúcar debajo de la noche» deja intacto, no ya el cuerpo, sino el sentido impenetrable de los símbolos, replicados en otros igualmente opacos como «yo robaba el azúcar», «jugaba con las alfombras» y «mi madre me predicaba con la muerte». De la evocación de una vivencia personal no puede seguirse ni la realidad del símbolo poético (que no simboliza sino su realidad simbólica misma) ni la autoridad de ninguna interpretación referencial o biográfica (de lo contrario el símbolo lo sería de otra cosa diferida y se confundiría con un signo hermético o *inconveniente*). En Gamoneda el recurso al motivo vivencial supone menos una dilucidación interpretativa de su obra que un modo oblicuo de señalar cuál es el factor de realidad del simbolismo poético. Tal factor resuena en el ritmo tautológico que, por así decir, cortocircuita la autoexégesis del poeta y cierra el paso a la definición conceptual de lo simbólico.

Emblema del modo de ser del símbolo poético son estos versos finales de un poema de *Exentos II*: «[...] ser / fuego que no consume su sarmiento, / pájaro que en sí mismo se despliega». La idea de que el símbolo es aquello mismo que simboliza podría interpretarse como una versión literalista de la *tessera hospitalis* de los antiguos: el símbolo es fragmento de un cuerpo roto (una tablilla partida en dos) cada una de cuyas partes se simboliza a sí misma en la medida en que simboliza también su integridad perdida evocando «orgánicamente» a la parte ausente. La figura trópica en la que la totalidad rota se simboliza en una parte es la sinécdoque, de modo que ésta constituiría el procedimiento fundamental del «realismo simbólico» del poema. Pero la solución no es tan sencilla. El símbolo poético no es parte de totalidad alguna porque esa totalidad no existe, o sólo existe como espejismo en la forma abstracta de un todo conceptual o referencialmente construido por la interpretación. La realidad del símbolo poético se sustrae a la articulación significativa de la que depende el funcionamiento semántico que la gramática atribuye al «lenguaje en general». Habida cuenta de que se simboliza a sí mismo, el símbolo poético sólo puede ser *tautegórico*. La idea es y no es nueva. Se encuentra ya en las lecciones sobre la *Filosofía de la Mitología* de Schelling, que veía en las figuras mitológicas «formas reales de la conciencia», «nacidas tal cual», «sin otro sentido que ellas mismas», de manera que, al decir del filósofo idealista, «la Mitología no es alegórica sino taut-egórica»[3]. Es en

---

[3] Cfr. F. W. J. Schelling, *La Philosophie de la Mythologie. D'Après Ch. Secrétan (Munich 1835-36) et H.-F. Amiel (Berlin 1845-46)* (ed. de L. Pareyson y M. Pagano), Milano: Mursia, 1991, p. 232. Schelling toma el término *tautegorikón* de un ensayo de

la *Filosofía del arte* donde Schelling determina de un modo más explícito la naturaleza tautegórica del símbolo:

> [L]a exigencia de la representación artística absoluta (*die absolute Kunstdarstellung*) es: representación con plena indiferencia, siendo así que lo general es totalmente lo particular, y lo particular *es* al mismo tiempo todo lo general y no lo significa. Esta exigencia está poéticamente resuelta en la mitología. Pues cada una de sus figuras debe ser tomada por lo que es, pues de este modo se la toma también por lo que significa. El significado es aquí el ser mismo (*das Seyn selbst*) traspasado al objeto y hecho uno con él. Tan pronto como hacemos *significar* algo a estos seres, *dejan de ser* ellos mismos. La realidad (*Realität*) se unifica en ellos con la idealidad, es decir, que cuando no se los piensa como reales, se destruye su *idea*, su concepto. Su mayor encanto consiste en que por su mero *ser*, sin ninguna relación –en sí absolutamente– dejan traslucir siempre el significado (*Filosofía del arte*, párr. 39).

En el momento de definir la realidad intransitiva del símbolo la palabra «es» es tipográficamente enfatizada, y ello por un azar o una necesidad que aparece también en Gamoneda («La realidad *es* simbólica»). Como si ese «es» no fuera igual que los demás, como si expresara una disminución o un acrecentamiento del *ser-mismo*, como si éste sólo pudiera devenir real en las cosas que, unidas inseparablemente a su significado, además de ser, se simbolizan a sí mismas. Para Schelling el símbolo artístico, que él denomina *Sinnbild*: «imago-sentido», ha de ser tan concreto como una imagen sólo igual a sí misma y a la vez tan general y lleno de significación como el concepto. El símbolo representa en la estética del idealismo trascendental la consumación dialéctica de lo absoluto en tanto que conciliación y superación de lo contradictorio. Cierto es que la completa indiferencia de lo particular y lo general de que habla Schelling constituye un ideal especulativo antes que una realidad existente, un *desideratum* más que un *datum* comprensible o aprehensible en las formas concretas del sim-

---

Coleridge sobre el *Prometeo* de Esquilo donde el poeta inglés equipara, a propósito de los contenidos filosóficos del mito trágico, *symbol* a *tautegory*. Para una consideración de otros rasgos tautegóricos del lenguaje poético me permito remitir a J. M. Cuesta Abad, «La interpretación tautegórica», en *Las formas del sentido*, Madrid: UAM, 1997.

bolismo artístico. Con todo, *pensar* la naturaleza tautegórica del símbolo supone necesariamente pensar la coalescencia dialéctica de lo particular y lo general en su realización concreta[4].

La concepción sui-referencial del lenguaje simbólico es un principio poético de filiación romántico-idealista: está en la Selbstsprache de Novalis y en el materialismo autoalegórico de Mallarmé, reaparece después en la lengua transracional de los poetas futuristas rusos y en la noción de *semiosis introversiva* de un teórico formalista como Jakobson[5]. En Gamoneda no está en cuestión la posibilidad de reconciliar lo particular y lo general en una obra artística –aun cuando todo esto afecte de algún modo a su idea de lo autosimbólico–, y menos todavía una compenetración de lo real y lo ideal en el poema. El poeta entiende de un modo distinto el carácter tautegórico de los símbolos. Lo tautegórico nombra aquí *una realidad en la que lo particular se simboliza a sí mismo en su unicidad irrepetible (o repetidamente irrepetible)*. No se trata de un simbolismo perfecto o completo, sino de otro «con un solo miembro». No se trata de un símbolo al que se haya mutilado su sentido, sino del cuerpo simbólico como realidad impar. No se trata de imágenes «deliradas» que traduzcan una fantasía onírica o surrealista, sino de invocar un tiempo que, más allá del solipsismo de toda memoria, sólo puede ser singular y poético siendo «mi tiempo».

¿De qué se trata entonces? De la herida del tiempo en las palabras, del poema, y de la desaparición de las imágenes. Escribe Gamoneda: «La memoria es conciencia de pérdida del presente, conciencia de tránsito, luego la memoria es también conciencia de ir hacia la muerte. Según esto, la poesía es arte de la memoria en la perspectiva de la muerte» (CS, p. 27). «En la perspectiva de la muerte»: extraña fórmula, de una virtual ambigüedad por la que la memoria del poema estaría ya reflejando –o avanzando– la perspectiva radicalmente otra que sólo tendría su no-lugar en la muerte. Para el sentimiento existencial

---

[4] Un poeta como Goethe –hostil al misticismo romántico-idealista– se hace eco de la tesis de época sobre el símbolo cuando escribe: «Éste el verdadero simbolismo, aquel donde lo particular representa lo general, no como en sueño y sombra, sino como revelación viva, instantánea de lo insondable», J. W. Goethe, *Maximen und Reflexionen*, Frankfurt am Main: Insel, 1976, n° 314 (1826).

[5] Una exposición crítica de esta tradición se encuentra en el libro de T. Todorov, *Théories du symbole*, Paris: Seuil, 1977 (*cfr.* sobre todo pp. 339 y ss).

esa perspectiva atiende sobre todo a un futuro en el que el final de la vida se vislumbra como la línea imaginaria de un destino temible e ineluctable. La poesía, en cambio, hace suya la perspectiva de la muerte como la mirada perdida que los símbolos retienen del pasado. La intempestividad del símbolo mantiene una relación de intimidad con la muerte. Es más: el símbolo se parece a la muerte. En *Libro del frío* la sección titulada «Frío de límites» se abre con una cita de Hermann Broch: «símbolo que es realidad, realidad que se torna símbolo ante el rostro de la muerte»[6]. El rostro es en la poesía de Gamoneda un símbolo de lo simbólico, quizá el metasímbolo que con mayor fuerza de sugestión imaginaria retorna en sus poemas. Sirvan de ejemplo algunos versos de *Descripción de la mentira*: «Vienen rostros sin proyectar sombra ni hacer crujir la sencillez del aire»; «Como a espejos exhaustos, nos acercábamos y nuestros rostros se revelaban al desaparecer»; «Temblor de cauces invertidos, gestos de rostros improbables: eso queda de nuestros actos»; «Quién habla en ti, quién es la forma de tu rostro». Atributos de un rostro pueden ser la frontalidad, la capacidad de mirar y ser mirado (o «leer y ser leído»), la fisonomía singular de sus rasgos y la autosemejanza, esto es, el hecho de que un rostro –aunque pueda parecerse a otros– sólo se asemeja y se simboliza realmente a sí mismo. El poema es rostro, como cuerpo simbólico de una aparición en cuyas variaciones caleidoscópicas queda descrita o inscrita la mirada vacía de la muerte.

Obra de un rostro, el poema. En Rilke –como después en Gamoneda– lo facial se constituye en figura autosimbólica, en metaicono de la visión poética. Lugar donde se abre la mirada, donde ésta se cruza con otras o transforma las cosas en efigies fantasmales, el rostro puede estar «vacío, sin rasgos ni recuerdos», según reza un pasaje de *Los apuntes de Malte Laurids Brigge*, puede traslucir una intimidad

---

[6] Gamoneda comparte muchas de las ideas estéticas del autor de *La muerte de Virgilio*. En *Poesía e investigación* Broch defiende una concepción simbólica del arte según la cual «el hombre intenta constantemente simbolizarse a sí mismo» y «es en el arte donde la autorrepresentación se convierte en auténtico fin en sí mismo». La muerte y el miedo, que son motivos recurrentes en la obra de Gamoneda, constituyen en Broch factores fundamentales de la creación poética, y ello hasta el punto de que las múltiples formas del miedo humano se convierten en agentes de «la infinita pluralidad de la sintaxis poética», *cfr.* H. Broch, *Poesía e investigación*, Barcelona: Barral, 1974, pp. 289-291 y 352-353.

invisible, herir con el oscuro fulgor de la belleza o enfrentar a la mirada ausente de una faz espectral. La palabra *Gesicht*, «rostro» –que en las *Elegías de Duino* alterna con *Antlitz*–, no sólo lleva en sí la raíz de la vista y lo visible (*Sicht, sichtbar*), una raíz de cuyo fondo visionario se hace eco a su modo el *Vi...* que prodiga la poesía de Gamoneda. En *Gesicht* resuena también *Gedicht*, «poema». El poema es obra de un rostro cuya mirada se vuelve hacia sí y encuentra su nada o su tiniebla: «el cienlenguaraz mi- / poema, nadema» (*Genicht*), dirá después Celan en unos versos de *Atemwende*[7]. Esta tríada de *Gesicht-Gedicht-Genicht* tiene un paralelo en esta otra de Gamoneda: *rostro-resto-gesto*. En Rilke los rostros poemáticos sólo se simbolizan a sí mismos como unos ojos que giran sobre sí y se vuelven del revés. Es la mirada introvertida de los muertos de que habla el poema «Morgue» (*Neuen Gedichte I*): «Los ojos, tras los párpados, se han dado / la vuelta, y ahora miran adentro», o la de quienes permanecen ciegos ante «lo abierto» en la octava Elegía: «[...] Sólo nuestros ojos están/como vueltos del revés [...]». Pero este giro hacia sí da acceso a las imágenes que sólo el poema puede liberar de su confinamiento en una interioridad hueca o abismática. Tal sería el «viraje» poético que Rilke denomina «Wendung»:

Pues el contemplar, mira, tiene un límite.
Y el mundo contemplado
quiere crecer en el amor.

Del rostro se ha hecho una obra,
haz ahora una obra del corazón
con las imágenes que hay en ti, aquellas cautivas, pues tú
las subyugabas: pero ahora aún no las conoces.

El símbolo poético se parece a la muerte *como* un rostro a su propia imagen corpórea. Es preciso detenerse en este «parecido» recordando aquí la afirmación con la que otro poeta del pasado concluye una de sus obras: «Todo lo transitorio / es sólo un símil»[8]. Un «Cho-

---

[7] La traducción de *Genicht* por «nadema» es un hallazgo feliz debido a la versión de J. L. Reina Palazón, P. Celan, *Poesías completas*, Madrid: Trotta, 1999, p. 214.

[8] El «canto» completo dice así: «Todo lo transitorio / es sólo un símil; / lo inalcanzable aquí se torna evento; / lo indescriptible / es aquí realizado; / lo Eterno-Feme-

rus Mysticus» entona estas palabras al final de la segunda parte del *Faust* de Goethe. El texto original no dice, como quieren otras traducciones menos literales, que todo lo transitorio sea sólo «una figura», «una comparación» o «un símbolo», sino: «Alles Vergängliche / ist nur ein Gleichnis». La palabra alemana *Gleichnis* (de *gleich*, «igual») significa literalmente *símil*, de donde se deriva su uso eventualmente técnico para designar la semejanza figural de la metáfora o la parábola. En español otra palabra para rostro es *semblante*, un término emparentado con el francés *ressemblance*, «semejanza». Entre símil, semejanza y semblante hay un parecido de origen. Todo lo real aparece para desaparecer y, por eso mismo, parece ser y es transitorio. Sin embargo, ¿por qué todo lo transitorio tendría que ser sólo un *símil*? En un ensayo sobre el tiempo y las imágenes, G. Agamben da cuenta de un vínculo, en cierto sentido alucinatorio, que subyace en la etimología de la palabra alemana *Gleich*:

> [Esta palabra] está formada por el prefijo *ge* (que indica un colectivo, una reunión) y por el término *leich*, que se remonta al medio-alto alemán *lich*, al gótico *lik* y, en suma, a la raíz *\*lig* que indica la apariencia, la figura, la semejanza y que se ha convertido en el alemán moderno en *Leiche*, el cadáver. *Gleich* significa pues: que tiene el mismo *\*lig*, la misma figura. Es esta raíz *\*lig* la que se encuentra de nuevo en el sufijo *lich* con el que muchos adjetivos se forman en alemán (*weiblich* significa en origen: que tiene una figura de mujer)...[9]

La raíz común que vincula en alemán la semejanza de lo igual con el cadáver nada tiene de arbitraria o ingeniosa. La conciencia de tránsito que Gamoneda asocia a la pérdida del presente y a la memoria mortal de la que es arte la poesía radica en la motilidad misma de la conciencia reflexiva. Yo sólo puedo ser consciente de mí y reflejarme igual a mí mismo en la reflexión (*Yo soy Yo*) mediante el tránsito de la posición de sujeto a la de objeto. Es decir, «yo» solamente puede pensarse y decirse «yo» como algo que reconoce su igualdad en lo transi-

---

nino / nos impulsa a lo alto», «Alles Vergängliche / ist nur ein Gleichnis; / das Unzulängliche, / Hier wird Ereignis; / das Unbeschreibliche / Hier ist es getan; / das Ewig-Weibliche/Zieht uns hinan».

[9] G. Agamben, «L'image immémoriale», en *Image et mémoire*, Paris: Hoëbeke, 1998, p. 78.

tivo y transitorio de su separación de sí. De ahí la observación de Hölderlin según la cual sólo es posible la conciencia de mí mismo porque yo me pongo «frente a mí mismo, me separo de mí mismo y, pese a esta separación, en lo puesto enfrente me reconozco como lo mismo»[10]. En consecuencia, yo sólo soy igual (*gleich*) a mí mismo como símil (*Gleichnis*) transitorio, como tránsito a una semejanza en la que me enfrento a *mi semblante*. Este semblante ostenta ya la pérdida de sí en la semejanza por la que el yo afronta su propia transitoriedad: y así comienza el tiempo y se abre la mirada de la muerte reflejada en las cosas. La poesía de Gamoneda expresa con toda su vibrante lucidez esta reflexión de la conciencia en un espejo interior que finalmente se descubre sin azogue: «Como a espejos exhaustos, nos acercábamos y nuestros rostros se revelaban al desaparecer»; «Profundidad de la mentira: todos mis actos en el espejo de la muerte» (*Descripción de la mentira*).

La reflexión subjetiva está en la base de la conciencia de la muerte y de la autorreferencia simbólica, pero no es capaz de producir por sí sola la realidad de un símbolo cuyo cuerpo se simboliza a sí mismo. Para que esto ocurra la igualdad puesta abstractamente en la conciencia ha de manifestarse también en el modo concreto de una realidad corporal. *La posición del yo en su igualdad es al sujeto lo que la semejanza en la imagen al cuerpo.* El cuerpo se pone como igual en la imagen corpórea: la igualdad consigo mismo de un cuerpo sólo puede darse en el tránsito y la separación de éste en la semejanza de la imagen. Y la realidad corporal última de la semejanza imaginal de un cuerpo consigo mismo es el *cadáver*. Un cadáver es un cuerpo realmente simbólico: pero sólo de sí mismo. Su rostro es el de una imagen que carece ya de original: no se asemeja a nada ni a nadie porque únicamente se asemeja a sí mismo. Entre un rostro y su igualdad en las imágenes no hay ni semejanza ni desemejanza: más bien *de-semblanza*. Un cuerpo sólo se asemeja a sí desemejándose de sí en las figuras de su igualdad imaginal consigo mismo. El parentesco que existe en alemán entre lo igual del símil (*gleich, Gleichnis*) y el cadáver (*Leiche*) se explica porque el cadáver es la evidencia, consumada en la realidad y prefigurada o simulada en toda imagen, de la seme-

---

[10] F. Hölderlin, «Juicio y Ser», en *Ensayos* (trad. de F. Martínez Marzoa), Madrid: Hiperión, 1990, p. 26.

janza o la igualdad imaginal de un cuerpo consigo mismo. Cuando Paul Celan escribe un verso como «Ein Wort –du weisst: / eine Leiche» («Una palabra –ya sabes: / un cadáver», *Von Schwelle zu Schwelle*) está diciendo algo que ha de ser entendido tal cual, con la atención que reclama el cuerpo literal de un símbolo poético. En la medida en que el lenguaje es el medio de decantación de lo simbólico, allí donde la generalidad del concepto y la particularidad de la imagen se compenetran, la palabra es la forma real donde confluyen la igualdad abstracta de la reflexión subjetiva y la igualdad concreta de la semejanza o «semblanza» corporal. Y en ambos casos, como realidad simbólica de un yo consciente de sí y como semblante espectral de un cuerpo en sus imágenes verbales, la palabra es símbolo de sí como cadáver[11]. Quizá no sea otra la complicidad mutua entre el poeta y las palabras que René Char expresa intensamente en este fragmento de *Le nu perdu*: «Entends le mot accomplir ce qu'il dit. Sens le mot être à son tour ce que tu es. Et son existence devient doublement la tienne» («Escucha a la palabra cumplir lo que dice. Siente a la palabra ser a su vez lo que tú eres. Y su existencia se convierte doblemente en la tuya»).

En Gamoneda las palabras aparecen como rostros o semblantes de cuerpos ausentes, desdoblados en símbolos de sí, refractados en la superficie sin fondo de un espejo que proyecta las imágenes de su desaparición. Pero la pregunta por el carácter tautegórico del símbolo poético continúa abierta. El poeta señala que «hay una tensión mediante la cual las palabras adquieren potencias simbólicas», y a renglón seguido añade que «se trata de un simbolismo especial: se simbolizan a sí mismas» (CS, p. 178). Así, las *cucharas* que aparecen en un poema son un símbolo y al mismo tiempo imagen de algo que estuvo «físicamente en mi vida». ¿Por qué esta insistencia en declarar la realidad física y vivencial de sus símbolos si, al fin y al cabo, éstos

---

[11] Maurice Blanchot llega a conclusiones análogas en un texto fascinante y sombrío de *L'Espace littéraire* donde hace de la «semejanza cadavérica» la forma por excelencia de toda aparición imaginaria: «La categoría del arte está ligada a esta capacidad de los objetos de "aparecer", es decir, de abandonarse a la pura y simple semejanza (*ressemblance*) tras la que no hay nada –más que el ser–. No aparece más que lo que ha sido librado a la imagen, y todo lo que aparece es, en este sentido, imaginario». O bien: «La imagen de un objeto no sólo no es el *sentido* de ese objeto ni ayuda a su comprensión, sino que tiende a sustraerlo al sentido manteniéndolo en la inmovilidad de una semejanza que a nada se asemeja», M. Blanchot, *L'Espace littéraire*, Paris: Gallimard, Col. Folio, 1988, pp. 348 y 350.

son esencialmente poéticos por el solo hecho de simbolizarse a sí mismos? ¿Qué sentido tiene decir que en un poema la palabra *cuchara* se simboliza a sí misma? Los poemas de Gamoneda hablan de la incomprensibilidad y la destrucción de las palabras: «Nuestros labios envejecieron en palabras incomprensibles»; «Ése eras tú: nuestras palabras aniquiladas en tus oídos» (*Descripción de la mentira*); «Queda un placer: / ardemos en palabras incomprensibles» (*Arden las pérdidas*). El símbolo poético no puede ser sino incomprensible y obra de una destrucción. La energía del símbolo reside en un *tónos* que infunde en él apariencia de vida: tensión rítmica, modulación entonativa, transiciones sintácticas oscilantes, contrastes imprevistos entre significaciones. Aunque puedan ofrecer un semblante inexpresivo, o el aspecto silencioso e inerte de lo inorgánico, las formas del poema, en lo que tienen de llamada a las imágenes, concitan la aparición de una tensión tonal que infunde una vitalidad ilusoria en la palabras. Las imágenes del lenguaje, concebidas como expresión figural, tienden a «revitalizar», según suele pensarse, el lenguaje discursivo y, por ende, a vivificar sensorial, emotiva e imaginariamente la representación de aquello que las palabras significan o denotan. Sin embargo, los símbolos verbales, al ir contra la segmentación discreta de la significación, que otorga perfiles diferenciados a las cosas en las articulaciones de lo conceptual, funden en una continuidad nebulosa los límites que impone la vertebración lógica y semántica del discurso. La energía de los símbolos consiste así en una revitalización (fictiva) de lo conceptual que exige la destrucción o la muerte de lo conceptual: en ellos los significados se abisman en contrastes e indiferenciaciones máximamente luminosas, es decir, de una opacidad semántica que ciega la visión de toda otra realidad que no sea la aparente en las palabras.

Un símbolo como «Hay azúcar debajo de la noche» resulta incomprensible en el sentido de que sólo es posible hacer que signifique algo destruyendo su cuerpo, y con él, su energía simbólica, y con ella, su carácter poético. Es preciso tomar en serio cuanto dice Gamoneda de la realidad corporal de los símbolos. En el poema las palabras. se simbolizan como cuerpos *aún-no y ya-no* significantes que exhiben los rasgos idiomáticos, legibles e ilegibles a un tiempo, de formas materiales en las que tiene lugar una presencia real *re-traída* a los sentidos y al Sentido: aparición de un cuerpo-en-sí-fuera-de-sí. Jean-Luc Nancy ha hecho notar que la corporeidad de la escritura es otra que

la de esa corporación de significante y significado que predomina en
la comunicación, tiene que ver más bien con una materialidad residual del lenguaje que lleva consigo lo que «se desvía» de la significación y, por eso mismo, se *excribe*: «La excripción se produce en el
juego de un espaciamiento in-significante: el que separa las palabras
de su sentido siempre de nuevo y las abandona a su extensión [de *res*
*extensa*]. Una palabra, desde el momento en que no es absorbida sin
resto (*reste*) en un sentido, resta (*reste*) esencialmente extendida *entre*
las otras palabras, tendente a tocarlas, pero sin alcanzarlas: y esto es el
lenguaje en tanto que cuerpo»[12]. La poesía *somatiza* pues las palabras. ¿Qué quiere decir esto? ¿Que potencia sus cualidades materiales y estéticas acentuando sus virtualidades fónicas, rítmicas, prosódicas, musicales en suma? ¿Que multiplica el efecto de evocación
imaginaria mediante una escansión anómala de los significados que
provoca sensaciones paradójicas, impresiones sinestésicas, pulsiones
emotivas...? ¿O también que *incorpora* las palabras para transformar-
las en parte de un cuerpo, de una cosa simbólica y real, o para encar-
nar acaso en ellas un vacío, una ausencia, una pérdida?

Para Gamoneda las palabras tienen la naturaleza porosa de una
membrana que permite el paso de materia sutil o la ósmosis entre sustancias corporales. En un poema de *Exentos II* se habla de un canto
que «no es sino palabra / que se adentra en los ojos». En *Descripción*
*de la mentira* leemos: «En ciertos casos, mis palabras podrían atrave-
sar tus labios, entrar despacio en tu existencia; no lo que dicen sino
las palabras mismas, su exhalación caliente como el amor». Y en *Libro*
*de los venenos*, que constituye un tratado admirable de somatología
poética, se previene de que el basilisco introduce su ponzoña «también de hito en hito [...], como saeta de amor, por nuestros ojos a las
entrañas», o se cuenta que entre los turcos existe un veneno que es
como «una suerte de tinta tan maligna y perniciosa que escrita una
carta con ella y leída sin anteojos inficiona y derriba luego al lector».
La materia verbal tematiza su corporeidad residual, y las palabras
esconden la virtud *venéfica* de su secreto como secreciones o excre-
cencias de un cuerpo ni presente ni ausente: simbólico[13]. En las pala-

---

[12] J.-L. Nancy, *Corpus*, Paris: Métailié, 2000, pp. 60 y ss.
[13] Jacques Ancet ha señalado certeramente este sentido fisiológico de la palabra en
la poesía de Gamoneda: «El éxtasis blanco», prólogo a A. Gamoneda, *Libro del Frío*,

bras del poema no hay *adentro*, ni un trasfondo latente donde se oculte, desvelable, el sentido. Todo es trasvase o conmixtión de super-ficies corporales, espesor variable de imágenes casi visibles o audi-bles, sólidas o etéreas, que fingen distintos grados de densidad mate-rial: «la naturaleza de los cuerpos es fingir la existencia» (*Descripción de la mentira*). Los símbolos del poema registran cambios de intensi-dad corpórea en la captación y emisión verbal de las imágenes, y éstas trazan en la escritura los rasgos que describen una fenomenología de lo inaparente. La opacidad de las imágenes poéticas se muestra final-mente irreductible porque lo que representa o transparenta toda ima-gen no es tanto la semejanza aparente de las cosas como la real opaci-dad de su apariencia. La oscuridad de los símbolos de Gamoneda confirma a su modo lo que Paul Celan dejó escrito en sus cuadernos de notas: «"Opazität" des Phänomenalen»[14]. La oscuridad es inma-nente a la realidad corpórea del fenómeno, y el símbolo poético cons-tituye un remanente de dicha realidad. Puede decirse entonces que en Gamoneda los símbolos son los *restos corporales en memoria de sí*: lo preterido, lo sido, lo ausente. Es sintomático que la fórmula «lo que queda» se repita en los versículos de *Descripción de la mentira* y en algún otro texto donde el poeta interpreta su obra:

Huelo los testimonios de cuanto es sucio en la tierra y no me reconcilio pero amo *lo que ha quedado* de nosotros.

Ahora os ruego que os acerquéis. He aquí los residuos. Su vibración es aún abrasadora para *lo que queda* de vuestras manos.

Hay un relato y es la humedad que sucedió el mismo día de tu muerte: tus largas túnicas solicitadas por mujeres o respetadas en los urinarios. Es *lo que queda* de ti: una ciudad más ácida.

Mi boca es fría en las plegarias. Este relato incomprensible es *lo que queda* de nosotros (*Descripción de la mentira*).

Valencia: Germania, 2000. A este respecto, pueden verse también las penetrantes observaciones de J. Jiménez Heffernan, «*De líquenes inevitables. Un glosario para Antonio Gamoneda*», en A. Gamoneda, *Descripción de la mentira*, Madrid: Abada, 2003.

[14] P. Celan, *Der Meridian. Endfassung – Entwürfe-Materialien* (ed. de B. Bös-chenstein y H. Schmull), Frankfurt am Main: Suhrkamp, 1999, p. 96.

Lo que se ha extinguido no es más que la conciencia errónea y deseante de una verdad «que iba a venir». Entonces, las palabras ya no son más que el canto de la desaparición, es decir, de *lo que queda de nosotros*: la perplejidad de contemplar nuestros actos (que pensábamos revoluciona-rios) «en el espejo de la muerte». A esto y sólo a esto hemos llegado (CS, p. 177).

La poética de Gamoneda tiene su divisa en este sintagma: «el canto de la desaparición». No será preciso insistir en que la palabra «des-aparición» se repite una y otra vez a lo largo de su obra. Reiteración casi obsesiva que ya no obedece a una idea fija de carácter temático que regresaría como testimonio elegíaco de angustia existencial, sino a la estructura misma del símbolo poético. Si el símbolo es un resto corporal, si es lo que queda de las imágenes que proyecta la memoria «en la perspectiva de la muerte», entonces su realidad no puede ser otra que la de la desaparición. En Gamoneda lo simbólico no consis-te en los desplazamientos trópicos y figurales de la expresión, por más que éstos también tengan lugar en los poemas[15]. El realismo del símbolo no reside en la metonimia, si por ella se entiende la significa-ción de una cosa o de un concepto a través de una relación de parcia-lidad o contigüidad «en el significado» o «en el referente». En lo que pueda tener de tautegórico, el símbolo poético carece de contenido designativo, denotativo o referencial: no se sustenta en la metáfora, la metonimia o la sinécdoque porque su «energía» está más acá o más allá del orden semántico-conceptual. De otro modo hablar de la reali-dad del símbolo sería completamente vacío o misterioso, pues tal rea-lidad no se distinguiría de la de cualquier otro uso del lenguaje, litera-rio o no, donde las formas tropológicas proliferan de maneras y en grados diversos.

\* \* \*

---

[15] Se debe a Miguel Casado el análisis más esclarecedor y penetrante del lenguaje figural de Gamoneda, así como algunos estudios imprescindibles sobre el poeta. *Cfr.* M. Casado, «Introducción» a A. Gamoneda, *Edad,* Madrid: Cátedra, 1989; «El curso de la edad», epílogo a A. Gamoneda, *Esta luz. Poesía reunida (1947-2004), op. cit.*

Cuando se trata de símbolos, el poeta puede saber tanto del significado que tienen en sus textos las palabras «azúcar» o «cuchara» como del significado de la mano con que escribe. El carácter tautegórico del símbolo poético tal vez sólo pueda ser abordado críticamente si se logra despejar un motivo ofuscador: la confusión entre vivencia y experiencia. Lejos de ser unívocos, estos dos términos traen consigo una variedad ingente de interpretaciones psicológicas, epistemológicas y antropológicas. Cabe esbozar, sin embargo, un criterio distintivo en su aplicación a la interpretación crítica de «lo vivencial» y «lo experiencial» de una obra poética. El concepto de vivencia (*Erlebnis*), establecido sobre todo por la hermenéutica tardorromántica de Dilthey, designa la elaboración consciente en el sujeto de un «estado de cosas interior» –sensaciones, imágenes, recuerdos, sentimientos– referido al acontecer temporal de la existencia de un individuo. Sostiene Dilthey: «Con la vivencia se enlazan los juicios sobre lo vivido, con lo cual esto último es objetivado»[16]. Todo lo que puede ser objetivado en juicios es conceptualizado y, en consecuencia, deviene comprensible e inteligible. En este sentido, la vivencia está ligada de raíz a la conciencia de lo vivido, al pensamiento discursivo y a una objetivación intencional de contenidos subjetivos. La vivencia está dominada en lo esencial por el recuerdo deliberado o voluntario y por la soberanía de un sujeto que *sabe lo que se hace*. En cambio, la experiencia está enraizada en una receptividad a lo real no controlable a voluntad por la conciencia, la reflexión o la introspección de un sujeto: una receptividad *tan* corporal *como* mental cuyas impresiones e imágenes forman una especie de memoria sedimentada en capas que se ocultan o se imbrican entre sí. La experiencia es siempre fragmentaria. Más aún: la experiencia no se distingue de los restos que la constituyen en tanto que espacio poblado de huellas, marcas, impresiones, fantasmas. Este remanente es siempre disruptivo con respecto a la continuidad, elaborada e ilusoria, de lo vivido. Podría decirse que la experiencia se relaciona con la vivencia sólo como interrupción de ésta. La

[16] W. Dilthey, *Dos escritos sobre hermenéutica* (ed. bilingüe de A. Gómez Ramos), Madrid: Istmo, 2000, p. 123. A propósito de esta tesis, Gómez Ramos comenta lo siguiente: «Juicios que son lenguaje y expresión sobre la que se puede ejercer la comprensión», dado que «esos juicios permitirán la fijación de las vivencias en el espíritu objetivo».

experiencia sería así irrupción e interrupción, fracción de un evento
–y evento de una fractura– que rompe el acontecer pretendidamente
diurno y coherente de las vivencias. Es en este sentido en el que puede
hablarse de la experiencia como límite y ruptura del límite. La experiencia no es lo empírico. Lo empírico decae, arruinado, en los restos,
fácticos de otro modo, que son ya el modo de ser de la experiencia.
No hay totalidad en la experiencia. Ninguna percepción logra captar
el todo de lo percibido. La experiencia sensible es ya ruptura con (e
interrupción de) la supuesta totalidad de lo empírico.

Quizá no haya en la crítica contemporánea otra explicación más
esclarecedora de esta distinción entre vivencia y experiencia que la
propuesta por Walter Benjamin en uno de sus escritos sobre Baudelaire[17]. A propósito del problema de la *mémoire involontaire* de Proust y
de su expresión precursora en Baudelaire, Benjamin se detiene en una
observación de Freud en *Más allá del principio de placer* según la cual
«la conciencia surge en el lugar de la huella de un recuerdo (*Erinne-
rungspur*)». Esta tesis se basa en la premisa psicológica de que la
memoria y la conciencia son sistemas psíquicos diferentes: mientras
que la memoria (*Gedächtniss*) acoge y conserva, como un receptáculo
material y sensible, las impresiones y los estímulos externos, la conciencia tiende a modificarlos o a destruirlos precisamente en el proceso de hacerlos conscientes. Por eso puede formular Freud la hipótesis
de que «hacerse consciente y preservar una huella en la memoria son
incompatibles para el mismo sistema». Quiere esto decir que la conciencia no conserva como tal ninguna huella de la memoria, ya que su
función primordial es la de hacer frente al impacto traumático de los
estímulos. En efecto, la hipótesis freudiana encontraría un equivalente
en la obra de Proust, ya que en éste «sólo puede ser componente de la
memoria involuntaria lo que no ha sido "vivido" explícita y consciente-
mente, lo que no le ha ocurrido al sujeto como "vivencia"». Benjamin extrae de todo ello una conclusión de mayor alcance:

> Que el *shock* quede apresado, atajado de tal modo por la conciencia, dará
> al incidente que lo provoca el carácter de vivencia (*Erlebnis*) en sentido

---

[17] W. Benjamin, «Über einige Motive bei Baudelaire», en *Illuminationen*, Frankfurt am Main: Suhrkamp, 1977 [«Sobre algunos motivos en Baudelaire, *Poesía y capi-
talismo* (trad. de J. Aguirre), Madrid: Taurus, 1972].

estricto. Esterilizará dicho incidente (al vivenciarlo de inmediato en el registro del recuerdo consciente) para la experiencia poética (*die dichterische Erfahrung*).

Se plantea aquí la pregunta sobre cómo podría fundarse la poesía lírica en una experiencia para la cual la vivencia del *shock* se ha convertido en norma. De tal poesía debería esperarse un alto grado de conciencia; despertaría la idea de un plan que pone en obra en el proceso de su propia elaboración. Lo cual concierne plenamente a la poesía de Baudelaire.

El problema que pone de manifiesto este fragmento es doble. Por un lado, la vivencia, el *Erlebnis*, se distingue drásticamente de la experiencia, la *Erfahrung*, y ello hasta el punto de que vivenciar o llevar a la conciencia el rastro de una impresión en la memoria supone hacerlo «estéril» para la experiencia poética. Por el otro, el carácter poético de la obra de Baudelaire se torna problemático desde el momento en que su poesía «traumatófila» está consagrada a la tarea de convertir en norma la toma de conciencia de las heridas que las impresiones abren en el sistema de defensa del sujeto. En la medida en que la obra de Baudelaire ha sido un referente fundacional para la lírica *moderna*, la posibilidad de una experiencia poética se vuelve en adelante igualmente problemática. O dicho de otro modo: la poesía sólo ha podido pretenderse desde entonces vivencial *destruyéndose*, es decir, suprimiendo cuanto hay en ella de memoria y experiencia[18]. Conviene reparar en la expresión que utiliza Benjamin para referirse a las huellas que los estímulos externos graban en la memoria: *Erinnerungsreste*, «restos del recuerdo». Los recuerdos son, como inscripciones o improntas en la memoria, restos corporales de la sensación, de la imagen e incluso del sentimiento de las cosas reales, no importa lo sutil e

---

[18]  Ph. Lacoue-Labarthe ha llevado hasta sus últimas consecuencias la posición de Benjamin en un ensayo sobre la experiencia poética de Celan: «no hay "experiencia poética" –escribe– en el sentido de algo "vivido" o de un "estado" poético. Si tal cosa existe, o cree existir [...], en ningún caso puede dar lugar a un poema. A un relato, sí; o a un discurso, versificado o no. A "literatura", quizá, en el sentido al menos en el que todo el mundo la entiende hoy. Pero no a un poema. Un poema no tiene nada que contar, ni nada que decir [...]. Pero el "no-querer-decir-nada" (*vouloir-ne-rien-dire*) de un poema no es un "*querer* decir nada" (*vouloir ne rien dire*). Un poema quiere decir, no es incluso más que esto, puro querer-decir. Pero puro querer-decir nada, la nada, eso contra y por lo que hay una presencia, lo que es», Ph. Lacoue-Labarthe, *La poésie comme expérience*, Paris: Christian Bourgois, 1997, pp. 33-34.

inasible que pueda ser su corporeidad. Y las palabras del poema son, en tanto que símbolos, *restos corporales de la memoria*: no contenidos de una vivencia objetivable en un lenguaje significativo y comprensible, sino formas literales de una experiencia cuya energía, preterida u olvidada, se transforma *sin porqué* en la realidad simbólica del poema.

En Gamoneda los símbolos no presuponen ni solicitan una interpretación vivencial, sino, en todo caso, una lectura poética que corresponda en lo posible a la experiencia de la que son inseparables. Miguel Casado ha sugerido perspicazmente hacia dónde tendría que encaminarse tal lectura cuando detecta una autorreferencia simbólica en este verso del poeta: «Éstas son las huellas de mis ojos, los contenidos de mi alma»[19]. Las palabras serían símbolos como restos e improntas de la memoria. ¿Cómo entender que las palabras sean huellas corpóreas de la memoria que al mismo tiempo se simbolizan a sí mismas? La respuesta fingirá aquí una hipótesis. Llamémosla la *hipótesis mnémica*. El símbolo no es real por remitir a una vivencia o al recuerdo consciente de una realidad concreta, ni por asociar una cualidad sensorial de un objeto dado a un contenido afectivo, ni por suscitar significaciones invariantes más o menos abstractamente vinculadas a ciertas figuras. El «cuerpo de los símbolos» es transcripción o reinscripción verbal (rítmico-gestual) de una huella impresa en la memoria. Luego resto de un resto de un resto. El proceso simbólico transforma una impresión, retenida en la memoria como estigma imaginal de una pérdida, en esquemas verbales que, una vez sobrevenidos a la expresión, se ritualizan en fórmulas figurales que pueden reaparecer, con matices siempre diferenciados, en múltiples ocurrencias rítmico-gestuales. Los símbolos del poema son retórico-figurales en el sentido *fisiológico* que Nietzsche atribuye a la retoricidad del lenguaje: transposición (*Übertragung*) en imágenes verbales de estímulos o impresiones corpóreas conservadas en la memoria[20].

---

[19] M. Casado, «El curso de la edad», en A. Gamoneda, *Esta luz. Poesía reunida (1947-2004), op. cit.*, p. 586.

[20] En *Sobre verdad y mentira en sentido extramoral* Nietzsche se pregunta qué es una palabra, y responde: «Die Abbildung eines Nervenreizes in Lauten»: la copia de un impulso nervioso en sonidos. La «percepción correcta» –es decir, la expresión adecuada de un objeto en el sujeto– sería, pues, un absurdo repleto de contradicciones: entre dos esferas absolutamente diferentes, como las del sujeto y el objeto, no hay nin-

Las palabras son en Gamoneda simbólicas y reales por ser el único resto (y el resto único: intraducible) de una realidad cuya pérdida es previa a, o no se distingue de, su aparición en las imágenes. «Yo sí supe lo que fue la destrucción y me alimenté con hierbas escondidas y mastiqué mi nombre y conviví con las desapariciones»; «Es aquí donde el miedo ve la fuerza de tu rostro: tu realidad en la desaparición», se lee en *Descripción de la mentira*. Las palabras del poema no sólo están por una pérdida, en su lugar y en su memoria. Los símbolos son la realidad misma de la desaparición: cuerpo de lo desaparecido, presencia fantasmática que se simboliza a sí misma, aparición de lo inaparente. La pérdida y la desaparición no dan nombre a conceptos o significados que resuman el contenido del simbolismo gamonediano. La desaparición es el espacio (la «geografía blanca») surcado por la inscripción de los símbolos en el poema, allí donde tiene lugar lo que queda de un cuerpo real e imaginal, donde «arden las pérdidas», donde «arden las significaciones». Lo desaparecido no es algo que haya aparecido en sí, firme y estable, al igual que la pérdida no es ausencia de un sentido que antes fuera claro y distinto. La intempestividad del poema revela la anacronía de lo que en él hace su aparición, o lo crónicamente inaparente de unas huellas cuya presencia material sólo señala la ausencia de la que ellas mismas son cuerpo. La

guna causalidad, ninguna corrección, ninguna expresión, sino a lo sumo una conducta-relación *estética*, una transferencia alusiva (*eine andeutende Übertragung*), una traducción balbuciente (*eine nachstammelnde Übersetzung*) a un lenguaje del todo extraño (*in eine ganz fremde Sprache*). De manera que, en todo caso, se necesita una esfera media y una fuerza mediadora para el libre poetizar y el libre inventar. Y en otro pasaje de sus escritos de juventud sobre retórica, Nietzsche afirma lo siguiente: «El hombre que configura el lenguaje no percibe cosas o eventos, sino *impulsos* (*Reize*); no transmite sensaciones, sino sólo copias de sensaciones. La sensación, suscitada a través de una excitación nerviosa, no capta la cosa misma: esta sensación es representada externamente a través de una imagen. Pero hay que preguntarse, sin embargo, cómo un acto del alma puede ser representado a través de una imagen sonora (*Tonbild*). Para que tenga lugar una reproducción completamente exacta, ¿no debería ser el mismo el material en el que debe ser reproducido que aquel en el que el alma trabaja? Sin embargo, puesto que es algo extraño –el sonido– ¿cómo puede entonces producirse algo más adecuado que una *imagen*? No son las cosas las que penetran en la conciencia, sino la manera en que nosotros estamos ante ellas», F. Nietzsche, *Escritos sobre retórica* (ed. de L. E. de Santiago Guervós), Madrid: Trotta, 2000, p. 91. A tenor de estas ideas de Nietzsche, habría que preguntarse en qué medida la «descripción de la mentira» en Gamoneda tiene que ver con «verdad y mentira en sentido extramoral».

desaparición precede a la aparición: el presente del símbolo es el presente *preterido* de un resto que se yergue, espectral, ante el duelo. El duelo somatiza el lenguaje, lo convierte en el medio de una incorporación (devoración, deyección) de imágenes en las que no retorna sino su pérdida: hace de él un espacio de reliquias. El duelo dice lo imposible de la desaparición. Nada desaparece del todo: hay siempre un resto en el que lo que queda de algo permanece y aparece. El símbolo es ese resto en el que algo que no es propiamente algo ni nada (la *des-aparición*) aparece.

Los poemas de Gamoneda emiten el brillo tenebroso de una mirada melancólica. En un libro iluminador sobre el trabajo del duelo, Pierre Fédida ha señalado que la *psyché* aparece ante la visión del melancólico, no como alma o aliento vital, sino como un cuerpo vacío que ocupa *el lugar de la ausencia.* Y un cuerpo que habla presiente la primera cavidad del vacío en la boca, caja de resonancia de un silencio que, advierte Fédida, es la apertura de la palabra sobre sí misma, así como se dice que la tierra se abre *bajo los pasos*: «La palabra se conoce en su vacío cuando las palabras ya no aseguran nada»[21]. De este silencio que recortan las palabras contra el fondo blanco o vacío de su corporeidad parece hablar un poema de *Exentos II*:

> Aquí la boca, su oquedad eterna,
> exhala una palabra, mas no suena
> si no es en forma de justicia: calla.
> Sobre el oro veloz, un viento inmóvil
> precipita su cuerpo hacia el espanto
> de los cabellos y sus huesos sienten
> la sustancia mortal, las duras manos
> torturando columnas. La palabra
> enardece las túnicas, asciende
> en las tinieblas, arde en los sepulcros
> y construye un espacio. Pero calla.

El duelo que atraviesa la poesía de Gamoneda conduce de nuevo al problema de la dimensión vivencial o experiencial de su simbólica. Hay sin duda en su obra constantes referencias autobiográficas, más

---

[21] P. Fédida, *L'absence*, Paris: Gallimard, Col. Folio, 2005, pp. 98-105 y 289-290.

o menos veladas, y la tonalidad melancólica que entenebrece sus poemas se nutre en gran medida de lo vivido en un pasado personal desolador (orfandad, pobreza, aislamiento, represión...). Gamoneda quizá sea, como dice Benjamin de Baudelaire, un «tipo traumatófilo». Pero lo es de un modo completamente diferente. Las dificultades de lectura, casi insalvables por momentos, que presenta su poesía se deben en buena medida a la tenacidad con la que lucha el poeta para que lo desgarrador de la experiencia no sea destruido y suplantado (y la pérdida a su vez perdida) por la *normalización* intencional que opera la vivencia. La experiencia poética gamonediana es, como la de todo verdadero creador, individual e histórica al mismo tiempo. Pero, ¿qué decir de la poesía como *experiencia de lo histórico*? ¿Cómo distinguir en el poema, más allá de indicios temáticos probablemente vivenciales, los restos simbólicos de la memoria singular o personal de un individuo de las huellas traumáticas que pueda haber dejado en ella la realidad colectiva? En Gamoneda la experiencia individual y la histórica prosperan poéticamente en un mismo caldo de cultivo: *la memoria del duelo*. En *Blues castellano* se hace patente el propósito de plasmar en la escritura una conciencia social no mistificada que reivindica el modelo, acaso insuperable en su autenticidad, de César Vallejo. *Descripción de la mentira* representa, sin embargo, un modo de poetizar la experiencia histórica que marca una cesura en la trayectoria del poeta[22].

Enunciemos un principio: la poesía termina donde comienza la ideología. La ideología es, en sus formas premeditadas o inerciales, mentira. Un poema puede describir su propia mentira, puede incluso denunciarla deconstruyéndola, pero no denunciar una mentira ideológica determinada desde otra explícita o indeterminada. Un «poema de denuncia» es una denuncia en verso, adornada con metáforas u otras figuras, tal vez estéticamente lograda y moralmente plausible,

---

[22] Desde su publicación, en 1977, no han faltado las interpretaciones en clave social, política e histórica de este poema, que ciertamente constituye un hito en la poesía española (y europea) contemporánea. En general, tales lecturas están en lo cierto cuando reconocen en el poema un testimonio de la sordidez y la opresión triunfantes en la sociedad española de posguerra y durante los largos años de ignominia de la dictadura franquista. Sólo que su alto grado de certidumbre testimonial, basada sobre todo en la *vivencia*, es inversamente proporcional a su capacidad de penetración crítica en la singularidad de la experiencia que reserva el poema.

pero no un poema. En *Descripción de la mentira* se habla de «un país cerrado» en el que «la opacidad era la única existencia», o de «tierra desposeída de sus tumbas, madres encanecidas en el vértigo. // Es lo que queda de mi patria», y el poema abunda en un léxico de tonalidad intensamente moral: «mentira», «testimonio», «traición», «delación», «miedo», «esperanza», «libertad»... Un verso como «Pero la verdad conducía a la traición» basta para descartar, por cuanto parece decir y no decir, cualquier interpretación unívoca de ese término «traición» que aparece en distintos momentos del texto. En la medida en que sea susceptible de simbolización poética, la experiencia de lo histórico resulta inasequible a la tematización. Sólo el recuerdo consciente de lo vivido, el contenido *vivencial*, llega a ser tematizable, pero no sin abrir fisuras por las que se infiltra disimuladamente en la obra una intención *impoética*. El simbolismo de Gamoneda no puede ser *temáticamente* histórico, social o político y seguir siendo fruto de una experiencia poética. Para la lectura crítica de los contenidos históricos y sociales de la poesía lírica continúa siendo válida la idea de Adorno de que «nada que no esté en las obras, que no sea parte de su propia forma, legitima la decisión acerca de lo que su contenido, lo poetizado mismo, representa socialmente»[23]. Y para una lectura tentativa de los símbolos gamonedianos como «huellas mnémicas» de una experiencia histórica y social quizá sea productiva otra consideración de Adorno en torno a una antinomia de la Neue Musik:

El hecho de que la música en su conjunto, y especialmente la polifonía, el medio necesario de la nueva música, se originara en las ejecuciones colectivas del culto y la danza no ha sido simplemente superado como mero «punto de partida» por su desarrollo hacia la libertad, sino que el origen histórico sigue siendo su propio sentido implícito aun cuando hace mucho que rompió con toda ejecución colectiva. La música polifónica

[23] Th. W. Adorno, «Discurso sobre lírica y sociedad», en *Notas sobre literatura* (trad. de A. Brotons Muñoz), Madrid: Akal, 2005. Adorno señala algo que importa destacar aquí: el yo que habla en la lírica es resultado de una individuación por la que se manifiesta diferente de, y a menudo contrapuesto a, lo colectivo. Y la paradoja propia de la obra lírica, la «objetivación de la subjetividad», es indisociable de la preeminencia de la forma lingüística en ella. De donde cabe deducir que «precisamente lo que no parece ser social en el poema lírico tiene que ser su elemento social».

dice «nosotros» aunque únicamente viva en la imaginación del compositor y no llegue a ningún otro ser vivo. Pero la colectividad ideal que todavía lleva en sí como separada de la empírica entra en contradicción con su inevitable aislamiento social y el carácter expresivo impuesto por éste. El ser oída por muchos se halla en la base de la objetivación musical misma, y donde está excluido, ésta necesariamente se degrada casi a algo ficticio, a la arrogancia del sujeto estético que dice nosotros cuando él no es más que un «yo» que, sin embargo, no puede decir nada en absoluto sin agregar el nosotros[24].

Los símbolos de un poema no han de ser ni son imaginales en un sentido *figurativo* y *figural* (fantástico, «cuasi-visual», mimético, sinestésico). Cualquier componente formal es capaz de erigirse en símbolo por su conexión reticular con otros en la textura literal del poema. Cuando Gamoneda señala que en sus poemas se trata de «invocar» el tiempo transcurrido como «mi tiempo», está sugiriendo tres características de la poesía lírica: invocación fantasmal, individuación verbal y evocación temporal. «No creo en las invocaciones pero las invocaciones creen en mí: // han venido otra vez como líquenes inevitables». Con estas palabras, en cierto modo «programáticas», se declara al principio de *Descripción de la mentira* el lirismo del poema. La poesía lírica es invocación de un sujeto que evoca su tiempo fragmentado en instantáneas descriptivo-narrativas e instantes simbólicos. El poema lírico pretexta siempre la posición de un *yo*, no en el modo meramente predicativo y conceptual, sino en las formas rítmico-gestuales e imaginales del lenguaje. En la lírica predomina el ensimismamiento del lenguaje en sus formas materiales e imaginales precisamente porque el *yo* sólo puede individuarse realmente en su igualdad concreta y corpórea, no en la puramente subjetiva y abstracta (donde *Yo es yo es yo...*). En el poema *yo* es siempre –para decirlo con la conocida fórmula de Rimbaud– *otro*: sólo reconoce su igualdad consigo mismo desde el momento en que la pierde al exponerla en la multiplicidad cambiante y heterogénea de sus *semblantes verbalmente corpóreos*. Ahora bien, el sujeto que se separa de sí y se pone frente a sí como igual tiene en el lenguaje un posible correlato no ego-

[24] Th. W. Adorno, *Filosofía de la nueva música* (trad. de A. Brotons Muñoz), Madrid: Akal, 2003, pp. 25-26.

céntrico de alteridad: la *frontalidad del Tú*. Un *yo* se reconoce como
*yo-mismo-otro* real y concreto en las imágenes de su cuerpo y como
*otro-(que)-yo-mismo* también real y concreto en las imágenes corpóreas de un *tú*. En ausencia total de este último, no habría qué decir ni
a quién decir (incluso cuando un yo cree decirse algo sólo a sí mismo):
ni invocación ni poema ni lírica. En *Descripción de la mentira* la simbolización de la experiencia histórica y social se concentra sobre todo
en la galvanización comunicativa de la expresión a través de los cambios constantes de persona gramatical y de los efectos invocativos
ligados a tales giros: interpelación, exhortación, increpación, interrogación, ruego, amenaza, reprobación...

> *Nuestra* dicha es difícil recluida en la belladona y en recipientes que no
> deben ser abiertos.

> Sucio, sucio es el mundo; pero respira. Y *tú* entras en la habitación como
> un animal resplandeciente.

> *Descubríamos* líquidos cuya densidad pesaba sobre *nuestros* deseos y
> aquellos lienzos y las escamas que *conservábamos* de las madres se des-
> prendieron de *nosotros: atravesábamos* las creencias.

> ¿Cuál es *mi* verdad? ¿Cuál es *mi* alimento sin *vosotros*? ¿Quién juzgará a
> quien ha traicionado a la traición?

> La pregunta es un ruido inútil en el idioma que sucede a la juventud.

> *Mi* cuerpo pesa en la serenidad y *mi* fortaleza está en recordar; en recor-
> dar y despreciar la luz que hubo y descendía y *mi* amistad con los suici-
> das.

> *Reconoced mi* lentitud y el animal que sangra dulcemente dentro de *mi*
> alma.

> *Vuestra* limpieza es inútil. *Ilumináis* en las ejecuciones y la locura crece
> en este resplandor. *Magnificáis* a *vuestros* enemigos y *vuestra* impruden-
> cia comunica con sus designios.

> *Haríais* mejor abandonando, deshabitando un tiempo que se coagula en
> la dominación.

¿Qué es la verdad? ¿Quién ha vivido en ella fuera de la dominación?

*Haríais* mejor en residir en légamos. *Yo* no soy *vuestro* maestro pero sí *vuestra* profundidad a la que quizá no *llegaréis* (los énfasis son míos).

Las variaciones pronominales y personales que resuenan a impulsos rítmicos entrecortados en *Descripción de la mentira* dotan al poema de una poderosa energía hímnica y dramática. Pero el *tú*, el *nosotros* y el *vosotros* permanecen anónimos, fluctúan de continuo entre la virtual autorreferencia especular o enajenante del *yo* y las expresiones en amalgama de un *tú* individual o colectivo cuya identidad resulta en el poema indecidible. Esta escansión polifónica urde una trama de voces fantasmales. Quien dice *nosotros* o *vosotros* ahí es un *yo* separado y aislado de la colectividad evocada e invocada. La tensión comunicativa se convierte en síntoma de la incomunicación que la voz poética exorciza interpelando a rostros pronominales que sólo responden con su silencio o con el eco indistinto de las palabras que les dirige el *yo*. En Gamoneda lo colectivo aparece como alienación y aislamiento de lo colectivo. La soledad del sujeto que habla en el poema se revela tanto más profunda e inexorable cuanto más aparenta aquél formar parte del *nosotros* o entablar un diálogo con un *tú* y un *vosotros* en cuyo anonimato masivo descubre su ausencia o su vacío. Es la soledad del hambre, del frío y la opresión. Es, más aún, la soledad misma del lenguaje: y en él. Los cambios de persona, la agitación pronominal y los actos de habla fantasmáticos constituyen restos simbólicos de una memoria que deja en el poema los gestos rituales de un *duelo social*. No se trata (sólo) de que el poeta haya sido marginado de la colectividad o se haya automarginado de ella y sienta la desolación de su «muerte a lo social». Las invocaciones con las que el yo conjura su soledad son la huella poética de la pérdida o la muerte del *nosotros* y el *vosotros*: reliquias del silencio, la desolación y el aislamiento de una colectividad histórica. Las personas gramaticales y las interpelaciones de Gamoneda no se refieren a ningún individuo o grupo que pueda ser tematizable o identificable en el poema. No se dirigen a nadie: sólo se simbolizan a sí mismas. Pero esta inscripción al vacío, este autismo en primera persona del plural, hace de ellas imágenes de un tiempo histórico más reales y poéticas que las obtenidas en cualquier lectura temática o vivencial. La incomunicación de lo

colectivo no sólo se manifiesta en la ritualización dialógica y oral por
la que el poema restituye luctuosa e imaginariamente a la palabra su
dimensión comunicativa y social. La experiencia poética responde a y
de su soledad radical (a y de la muerte del lenguaje como forma esencial de mediación colectiva) con el *ensimismamiento* de las palabras:
«símbolos que se simbolizan a sí mismos». La incomunicación no es
un significado. Es el modo de ser de lo poético como comunicabili-
dad ilimitada, sin objeto ni sujeto, soledad de la palabra que tanto
más habla de y al otro cuanto más habla sólo de sí misma.

* * *

La poesía de Gamoneda se alza así contra toda mentira, también contra la que pueda haber en ella, contra todo relato ideológico y toda
cosificación instrumental de la palabra; y sus símbolos son intempes-
tivos en otro sentido aún no explorado. La experiencia poética no
puede contemporizar con el presente. Gamoneda es un poeta de la
experiencia precisamente por la intempestividad de su lenguaje.
Extemporánea es ahora la palabra como cuerpo de la desaparición:
resto simbólico en memoria de las cosas muertas. Cuando el poeta
advierte que «la palabra puede tener un aura simbólica» (CS, p. 27),
está equiparando tal aura con ese halo o destello de significación que
la lectura está siempre dispuesta a descubrir en el poema. Con todo,
los símbolos de Gamoneda son huellas en virtud de su irradiación
*aurática*. La idea de «aura» remite, en efecto, a la *estética aparicional*
que sustenta la teoría del arte moderno de Walter Benjamin. Aura es
«la aparición única de una lejanía» (*einmalige Erscheinung einer
Ferne*): «Quien es mirado o cree ser mirado levanta la vista. Experimentar el aura de un fenómeno significa dotarlo de la capacidad de
alzar la vista [...]. Tal determinación hace transparente el carácter cultual del fenómeno. Lo esencialmente lejano es inaccesible: de hecho
la inaccesibilidad es una cualidad capital de la imagen cultual»[25]. El

---

[25]  W. Benjamin, «Über einige Motive be Baudelaire», en *Illuminationen, op. cit.*,
p. 223 (*cfr.* trad. esp., pp. 163-164). Benjamin elabora su teoría del aura en el conocido
ensayo «Das Kunstwerk im Zeitalter seiner technischen Reproduzierbarkeit», en *ibid.*,
pp. 136 y ss. [«La obra de arte en la época de su reproductibilidad técnica», en *Discursos interrumpidos* (ed. de J. Aguirre), Madrid: Taurus, 1989]. Sobre la idea benjaminia-

aura nombra el espesor estético y la fascinación sacral que las antiguas formas de «contemplación cultual» reconocían en las imágenes religiosas o artísticas. Caracteres de lo aurático son la unicidad y originalidad del fenómeno, la lejanía insalvable de la aparición –que emite un silencioso *Noli me tangere*!– y la ritualidad en la ejecución y en la contemplación de las obras. Pero la idea de aura mantiene en Benjamin una relación dialéctica con la de *Spur*, «huella»: «La huella es la aparición de una cercanía, por lejos que pueda estar lo que deja atrás. El aura es la aparición de una lejanía, por cerca que esté lo que la provoca. En la huella nos hacemos con la cosa; en el aura ella nos domina» (*Passagen-Werk*, M16a, 4)[26]. Esta relación inversa entre cercanía y lejanía resume en términos topológicos el quiasmo dialéctico de la aparición (*Erscheinung*): la *re-versión* de las imágenes que se vuelven hacia el contemplador o devuelven la mirada a quien las mira.

Dialéctica del fantasma: el significante de la palabra *Spur*, «huella», se parece en alemán al de la palabra *Spuk*, «fantasma». La cercanía de la huella y la lejanía del aura describen el movimiento oscilatorio de aquello que sólo puede aparecer *en y desde* su desaparición. Huella y aura han sido interpretadas en general como metáforas heurísticas aplicables sobre todo a las formas propiamente plásticas e icónicas del arte. En el ensayo sobre Baudelaire la experiencia del aura, definida como un modo de atención, consiste en la transposición de la *reciprocidad de la mirada* –un comportamiento normal en la sociedad humana– al trato del hombre con lo inanimado y lo animal. Esto significa que en el arte el aura lleva consigo una reanimación de cosas inanimadas o exánimes y una antropomorfización de lo no-humano.

---

na de aura y la distancia del fenómeno puede verse el penetrante ensayo de G. Didi-Hubermann, «La double distance», en *Ce que nous voyons, ce qui nous regarde*, Paris: Minuit, 1992, pp. 103 y ss.

[26] En Benjamin la dialéctica del aura y la huella está inspirada en las transformaciones de la experiencia de realidad peculiares de la cultura tardomoderna (urbana, industrial, tecnocrática...), en la que prevalece una tendencia creciente a la destrucción de la experiencia y la tradición (recordemos el texto de Benjamin «Experiencia y pobreza») detectable en la desaparición del aura en el arte y en la obliteración de las huellas de la vida pasada, individual o colectiva. La noción de *Spur* o huella está ligada en concreto a la caracterización del tipo del *flâneur* en Baudelaire: *cfr.* H.-R. Jauss, «Huella y aura. Observaciones sobre la *Obra de los pasajes* de W. Benjamin», en *Transformaciones de lo moderno* (trad. de Ricardo Sánchez Ortiz de Urbina), Madrid: Antonio Machado, 1995.

En ambos casos el efecto aurático procede de una sola y misma acción: dotar a la «aparición» de la capacidad de alzar la vista. De esta dotación animista Benjamin dice algo –relegado a la posición marginal de una nota– que suele pasar inadvertido. Dice, en breve, que la poesía nace de la visión aurática:

> Esta investidura[27] es una fuente de la que mana (*Quellpunkt*) la poesía. Donde el hombre, el animal o lo inanimado, así investidos por el poeta, alzan su mirada, la lanzan a lo lejos; la mirada de la naturaleza figurada despierta, sueña y arrastra al que poetiza tras sus sueños. Las palabras pueden tener también su aura (*Worte können auch ihre Aura haben*). Karl Kraus lo ha descrito de este modo: «Cuanto más de cerca se mira a una palabra, tanto más de lejos mira ella desde atrás».

En un poema no sólo los animales[28] y las cosas sin alma parecen cobrar vida humana (y –cabe añadir– mirar al espectador-lector *en y desde la perspectiva de la muerte*): también las palabras miran desde una lejanía inaccesible al que las contempla de cerca. «Pues incluso lo más cercano está lejos para los hombres», se lee en la séptima *Elegía de Duino*. Rilke fue, por cierto, el poeta coetáneo en el que Benjamin podría haber hallado la expresión más consciente e intensa de la dialéctica de la huella y el aura. Recordemos una carta (a Marie von Thurn und Taxis, 30 de agosto de 1910) en la que el poeta ensalza la inclinación a aproximar lo más posible la cercanía (*die Nähe*) para que la lejanía (*die Weite*) esté a solas consigo misma; y donde se refiere al arte en estos términos: «el arte es la más apasionada inversión del mundo, el camino de regreso del infinito, en el que a uno le salen al

---

[27] La traducción de Jesús Aguirre –probablemente por un error de lectura nunca enmendado– confunde la palabra alemana *Belehnung* (de *belehnen*, «dar en feudo», «investir» de algún cargo o poder), que es la que consta en el original, con *Belehrung* (de *belehren*, «enseñar», «instruir»). El error oscurece el sentido del texto: Benjamin no dice que la experiencia aurática sea una «enseñanza» fundamental de la poesía –pues no hay en ella «doctrina», *Lehre*, alguna que enseñar–, sino que es la dotación o «investidura» (de la capacidad de alzar la vista) de la que mana esencialmente la poesía.

[28] En la poesía de Gamoneda prolifera la investidura anímica de lo animal, lo vegetal y lo corporal, y ello al extremo de que cabría hablar de una continuidad entre lo humano y lo no-humano en las imágenes. Para una lectura de la *animalidad* (anímica y bestial) en Gamoneda remito al ensayo sugestivo e inteligente de J. Jiménez Heffernan, «Fondo de animal», epílogo a A. Gamoneda, *Lápidas,* Madrid: Abada, 2006.

paso todas las cosas sinceras, y uno las ve en toda su figura, su rostro se acerca (*ihr Gesicht nähert sich*), sus movimientos ganan en particularidad»; o este pasaje de otra carta anterior (a Mimi Romanelli, 7 de diciembre de 1907) que parece glosar la frase de Karl Kraus citada por Benjamin:

> C'est effrayant de penser qu'il y ait tant de choses qui se font et se défont avec des mots; ils sont tellement éloignés de nous, enfermés dans l'éternel à peu près de leur existence secondaire, indifférents à nos extrêmes besoins; ils reculent au moment où nous les saisissons, ils ont leur vie à eux et nous la nôtre[29].

Un encuentro en quiasmo de rostros y miradas que sostienen entre sí la visión de las (des-)apariciones traspasa la poesía de Gamoneda. «Mas las apariciones duermen un sueño del que sería inútil despertar»; «en los espejos, los agonizantes estaban dentro de tus ojos»; «Signos exactos e incomprensibles. Están en mí con el valor de una llaga; algunas cifras arden en mis ojos» (*Lápidas*); «Vi la serenidad en los ojos de las reses destinadas a los cuchillos industriales y los caballos inmóviles en la tristeza» (*Libro del frío*); «Un animal oculto en el crepúsculo me vigila y se apiada de mí» (*Arden las pérdidas*). El poema puede, como un rostro, devolver la mirada a quien lo lee y lo contempla porque ha sido investido de la vitalidad imaginal de una aparición. ¿Cómo? Como huella corpórea de la memoria y a la memoria de lo desaparecido, lo sido, lo ido: como cuerpo simbólico que, provisto de voz, sólo simboliza *ahí* la realidad presente de su ausencia y, por eso mismo, convoca en su cercanía aún casi tangible su lejanía ya inaccesible. La palabra aurática es símbolo, y la mirada del símbolo se ciega volviéndose hacia sí en las imágenes: «Como la cólera en el hígado se ocultan en sí mismas las palabras ciegas», reza un verso de *Libro del frío*. La ceguera, el velamiento semántico y referencial de la palabra en el símbolo poco o nada tiene que ver en Gamoneda con un hermetismo por medio del cual el lenguaje recu-

---

[29] R. M. Rilke, *Briefe*, Wiesbaden: Insel Verlag, 1950, pp. 214 y 268-269. [«Es terrible pensar que haya tantas cosas que se hacen y se deshacen con palabras; las palabras están muy alejadas de nosotros, encerradas en lo eterno cerca de su existencia secundaria, indiferentes a nuestras necesidades extremas; retroceden en el momento en que tratamos de asirlas, tienen su vida y nosotros la nuestra».]

peraría su pureza poética o una aureola vagamente sagrada. La poesía es aurática porque surge siempre de una experiencia rota de la que sólo quedan símbolos. Lo aurático del símbolo no es definible en conceptos: no se puede decir qué *es*, ni siquiera que sea esto o aquello presente en las palabras o representado en ellas. Se deja atisbar únicamente, en su aparición retráctil, por los efectos espectrales que se desprenden de las palabras con el espesor real de lo corpóreo y la oquedad dispersiva de lo residual. El aura de los símbolos «se» aparece, pues, en estas huellas: 1) *irrepetibilidad literal*, 2) *opacidad semántica*, 3) *restancia*, 4) *energía imaginal*, y 5) *gestualidad ritual*.

La *irrepetibilidad literal* del símbolo está subsumida en una condición indisociable de su carácter tautegórico. Si un símbolo poético se simboliza a sí mismo, entonces ha de ser en cada caso, y a cada paso, irrepetible, aun cuando parezca repetirse. Repetidamente irrepetible en su literalidad: que no es simplemente léxica, sino sobre todo textural. Por *textura* cabe entender aquí la urdimbre verbal donde se perfila la fisonomía concreta de cada símbolo: escansión rítmica, cadencia tonal, trazado gráfico, «fricción» fónica, sintáctica y léxica con las demás unidades localizadas en un segmento. La equivalencia semántica entre símbolos, o entre ocurrencias de un símbolo en pasajes paralelos, tiende a ser una ilusión o una mixtificación interpretativa. Si hay tal equivalencia, y ésta se determina en un mismo contenido reiterado, no hay símbolo (lo que no quiere decir que en un poema, además de símbolos, no haya otras cosas: signos herméticos o *inconvenientes*, figuras semánticas, connotaciones recurrentes, etc.). Pero el símbolo poético no significa nada: antes bien, surge como quiebra de la significación, torsión sintáctica, disonancia rítmica, giro inesperado de las imágenes, cambio anómalo de persona... Los *rostros* que comparecen tenazmente en la poesía de Gamoneda son variaciones de un motivo *in-significante*, o de un nódulo significante que se fragmenta y se transmuta en otros heteróclitos (*resto, residuo, rastro, gesto, animal, madre, tú...*) cuya inscripción reincide en las inflexiones de su literalidad siempre matizada y alterada. Todas esas palabras-semblante no connotan la «desaparición», como si ésta fuera el núcleo conceptual en el que todos los sentidos figurales al fin confluirían. La desaparición no es un concepto o un significado: es la aparición múltiple y diferenciada del cuerpo de los símbolos, la impronta material de que está hecha el aura imaginal de las palabras. La repetición de los símbolos está así dominada por la *ley de semblanza* (igualdad o semejanza imaginal) de un cuerpo consigo mismo: en cada re-aparición los símbolos sólo se asemejan a sí mismos desasemejándose de sí. «No hay semejanza en ti: hay infección y fuego dentro de tu lengua y la pureza es tu enfermedad» (*Descripción de la mentira*).

La *opacidad semántica* del símbolo es un efecto de su irrepetibilidad literal. Los nódulos de opacidad son en el simbolismo poético otros que los del hermetismo o la polisemia. En la frase «Mi amistad está sobre ti como una madre sobre su pequeño que sueña con cuchillos» (*Descripción de la mentira*) hallamos un símil de base proporcional (A/B = C/D) que establece una analogía fácilmente inteligible: *amistad = madre, tú = pequeño*. Pero la coda «que sueña con cuchillos» no sólo contrasta con lo anterior de un modo imprevisto y violento, sino que proyecta sobre ello la sombra irreducible de un símbolo. La proporción analógica explicita una ambigüedad que en la coda parece derivar en hermetismo. Escribe Gamoneda: «Hermetismo y ambigüedad son opuestos pero viven juntos. Quizá la ambigüedad dura sólo un instante; apenas escrita, la palabra será ya polisémica, tendrá en cada momento y en cada lector diferentes lecturas, pero, es verdad, hay límites» (CS, p. 184). El sentido hermético de ese «pequeño que sueña con cuchillos» se compacta en lo ilegible de una literalidad residual que se sustrae a la polisemia (semántica, vivencial, emotiva). La corporeidad literal del símbolo no puede ser diluida sin resto en un sentido polisémico porque éste resulta inseparable de la significación temática, la representación de un referente proteico o la intencionalidad de un contenido vivencial. El símbolo poético está más cerca de lo que J. Derrida ha llamado *diseminación* que de la polisemia. Para Derrida la diferencia entre la polisemia del discurso y la diseminación textual estriba precisamente en la diferencia, «una diferencia implacable»: «Ésta es sin duda indispensable para la producción del sentido (por lo que la diferencia entre la polisemia y la diseminación es muy pequeña), pero el sentido la borra y la repele en tanto que se presenta, se reúne, se dice, se mantiene ahí. Lo semántico supone como condición la estructura (lo diferencial), pero ello mismo no es, en sí mismo, estructural. Lo seminal [la literalidad diferencial de los significantes en el texto] se disemina sin haber sido nunca lo mismo y sin retorno a sí»[30]. El cuerpo de los símbolos no es tal en un sentido idealmente orgánico u organicista. La diferencia simbólica es la dispersión rítmica de remanentes verbales cuya fragmentariedad corpórea es inasimilable a la totalidad o a la unidad de *un* sentido. El resto simbólico es en el poema la inminencia de un remanente no semantizable: «He aquí los residuos. Su vibración es aún abrasadora para lo que queda de vuestras manos» (*Descripción de la mentira*).

El término *restancia* denomina la remanencia diseminada de significantes en los que se procrastina la inminencia de un sentido nunca fijable o apropiable. Esta noción traduce a su modo la *restance* de Derrida[31], una exterioridad de la escritura a la lógica binaria de la representación (significante-significado, ausencia-presencia, sensible-inteligible, etc.) que no se confunde con la mera densidad material del texto ni con las conexiones inmanentes a las formas verbales. En el poema lo simbólico no se da «en estado puro», sino en hibridación con formas semánticas o semantizables. De ahí que sean siempre necesarias las aproximaciones formales y hermenéuticas que atienden «a los pliegues explícitos e implícitos del sentido, a los equívocos, a las sobredeterminaciones, a la retórica, al querer-decir intencional del autor, a todos los recursos idiomáticos del poeta y de la lengua»[32]. Sin embargo, lo que en Derrida recibe el nombre de *lectura diseminal* dirige la atención hacia «un resto o un excedente irreductible» que se hurta a toda reintegración hermenéutica en una estructura de sentido, por polisémica o politemática que ésta pueda ser. La restancia es ilegible en la medida en que los restos simbólicos no pueden ser re-leídos o re-ligados en una trama de sentido sin borrar las huellas de su aparición. Si se suprimen esos restos, si eso que queda de las significaciones o del relato es borrado o asimilado a otra cosa, las «invocaciones» dejan de venir, y sin ellas no hay huella de la pérdida: no hay cuerpo de los símbolos. El momento aurático del símbolo se tensa en la coincidencia de lo remanente y lo inminente: la remanencia es a la aparición de una cercanía en la huella lo que

---

[30] J. Derrida, *La dissémination*, Paris: Seuil, 1993, pp. 426-427.
[31] J. Derrida, *ibid.*, p. 59.
[32] J. Derrida, *Béliers. Le dialogue ininterrompu entre deux infinis, le poème*, Paris: Galilée, 2003, p. 47.

la inminencia a la aparición de una lejanía en el aura. Cuanto más cercana aparece la realidad corpórea del símbolo tanto más lejano aparece aquello de lo que él mismo es semblante imaginal. El símbolo extrae de la retracción de la igualdad de lo real en las imágenes su exceso de realidad: «La naranja en tus manos, su resplandor, ¿es para siempre? // Cerca del agua y del cuchillo, ¿una naranja en la oquedad eterna? // Fruto de desaparición. Arde su exceso de realidad entre tus manos» (*Libro del frío*).

En la *energía imaginal* de los símbolos se hace patente el hecho de que un poema no es producto u obra (*ergon*), sino actividad o producción (*enérgeia*). ¿De qué? De realidad –voces, rostros, semblantes, cuerpos– imaginal. Afirma Gamoneda: «La poesía, en rigor, *no refiere ni se refiere a una realidad*, a no ser en modo secundario. La poesía –lo diré de una vez– *crea realidad*» (CS, p. 35). Esta realidad, conviene insistir en ello, es excedente: imaginal. En la tradición retórica la fuerza de sugestión fantástica del lenguaje reside en la virtualidad imaginaria de las figuras y los tropos. Tal potencia imaginaria se manifiesta como una intensificación estético-figural consistente en la representación dinámica y actualizadora (*enérgeia* y *enárgeia*) de objetos o conceptos. Pero lo imaginario presupone lo representacional, una suerte de visualización y actualización de lo representado, referido o significado. Lo imaginal del símbolo no es lo imaginario. Los símbolos poéticos no representan nada visual ni visualizable figurativamente. «La luz hierve debajo de mis párpados. // De un ruiseñor absorto en la ceniza, de sus negras entrañas musicales, surge una tempestad. Desciende el llanto a las antiguas celdas, advierto látigos vivientes» (*Arden las pérdidas*). Es evidente –a fuerza de no serlo– que no hay modo de trasladar fielmente estas palabras a imágenes o referentes visuales. Las imágenes poéticas tienen la energía de un acto y la actualidad del presente único que le es concomitante. De la actuación simbólica puede decirse algo que dice René Char en *Feuillets d'Hypnos*: «L'acte est vierge, même répété» («El acto es virgen, incluso repetido»). Lo imaginal es irrupción de «lo semblante» en la singularidad de una aparición verbal. Las imágenes simbólicas no reproducen algo ni se parecen a algo que sea anterior o exterior a su aparición. En el poema lo imaginal es rostro o semblante de un cuerpo que, según queda dicho, sólo puede asemejarse a sí desemejándose de sí. La semblanza es la (de-)semejanza de un cuerpo con sus fantasmas. En un apunte de sus cuadernos de notas Paul Celan indica que la plasticidad de las imágenes (*Bildhaftigkeit*) no es en el poema «nada visual, sino algo espiritual» (*nichts Visuelles, sondern etwas Geistiges*), y en otra anotación alude a una idea de Fr. Schlegel según la cual «la imagen es la redención o liberación (*Erlösung*) del espíritu de la cosa»[33]. Espíritu, sí, pero como huella (*Spur*) y espectro (*Spuk*), semblante y aura invisible que toma cuerpo imaginal en el símbolo poético.

La noción de *gestualidad ritual* nombra, por último, la inscripción de la energía simbólica en la singularidad de las formas textuales del poema. Expresivo o inexpresivo es un gesto sobre todo como pulsión característica de un semblante. Lo gestual es siempre ese momento energético por el que un cuerpo (y más aún: un rostro humano) «trabaja», consciente e inconscientemente, su individuación. Esta individuación lleva necesariamente consigo elementos *mímicos*, es decir, autoemulación de muecas previas en las que uno mismo se reconoce e imitación de gestos anteriores y ajenos de los que uno se apropia. En cualquier caso, emulando a otros o imitándose a sí mismo, el gesto se repite como un *rito individual*, como la huella de impresiones de las que, por así decir, guarda memoria mímica un cuerpo o un poema. Un gesto es expresivo y a la vez inexpresivo en tanto que resto de una impresión corpórea traducida a otras formas ritualmente iterables. En un poema lo gestual puede manifestarse en el retorno compulsivo de patrones rítmicos, en la recursividad de ciertos esquemas sintácticos, en la fetichización del léxico, en la fluctuación disruptiva de los modos de discurso (narrativo, descriptivo, dialógico), en las variaciones de persona gramatical, etc. Desde *Descripción de la mentira* la gestualidad ritual de la poesía de Gamoneda se hace ostensible: por ejemplo, como individuación de las pautas métricas en la forma de lo que el poeta llama «bloques rítmicos» de factura versicular; o en la

---

[33] Paul Celan, *Der Meridian. Endfassung. Vorstuffen. Materialien, op. cit.*, pp. 101 y 160. La posible afirmación de Schlegel que Celan reelabora en su alusión dice algo revelador: «La imagen es obra del Yo, una contra-cosa [*Gegen-Ding*: "cosa-enfrente"], que el Yo produce para arrancarse (*entreissen*) del dominio de las cosas, del No-Yo» (tomo esta cita de las notas aclaratorias de los editores de *Der Meridian*, pp. 240-241).

concatenación trimembre del periodo mediante conjunciones (y... y... y); o en el recurso frecuente a *fórmulas hieráticas* de enunciación («Los sacerdotes hicieron negación y los comerciantes y los hombres de honor hicieron negación; // y hubo negación en los niños»; «Vi la muerte rodeada de árboles... Vi sombra azul distribuida en sernas...»); o en las series alternas de contrastes entre lo descriptivo, lo narrativo y lo apostrófico.

Se diría que todas estas repeticiones rituales contradicen la idea de la irrepetibilidad literal de los símbolos. Y así es, en cierto modo. Se trata de una contradicción inmanente al ritual de los gestos y, por tanto, al cuerpo simbólico del poema. Los gestos ritualizados tienden a mitigar o a compensar la extrañeza radical, la singularidad anómala y la dispersión desemejante de las huellas simbólicas precisamente a través de fórmulas iterables o de una *re-citación* de carácter formulario. Sin esta compensación el poema estallaría en un balbuceo inconexo de restos simbólicos. La gestualidad ritual no constituye la energía del símbolo, sino sólo una configuración, fijada e individuada en las formas verbales, de dicha energía. En Gamoneda la dimensión pragmática del gesto ritual es *el conjuro*: «se trata de conjurar el miedo» (CS, p. 172). El momento invocatorio y el conjuratorio son al fin indiferenciables. Conjurar es al mismo tiempo exorcizar e invocar una aparición. El miedo del que hablan los poemas de Gamoneda no es el que infunde una aparición fantasmal. Es el miedo el que llama a los fantasmas, invoca a las des-apariciones y produce el cuerpo de los símbolos. Y la gesticulación de las palabras hace señas a los semblantes que ella misma perfila y abisma en el aire. Gestos de aire en el poema que G. Didi-Hubermann ha descrito de este modo:

La palabra más justa no es sobre todo la que pretende «decir siempre la verdad». No se trata siquiera de «decir a medias» esta verdad, acomodándose teóricamente a la falta estructural de la que llevan la marca, por la fuerza de las cosas, las palabras. Se trata de acentuarla. De esclarecerla –fugitivamente, lacunarmente– en instantes de riesgo, en decisiones sobre un fondo de indecisiones. De darle *aire y gesto*. De dejar, pues, su lugar necesario a la sombra que se vuelve a cerrar, al fondo que se da la vuelta, a la indecisión que es todavía una decisión de aire. Es entonces una cuestión, una práctica de ritmo: soplo, gesto, musicalidad. Es entonces una respiración. Acentuar las palabras para hacer que dancen las faltas [*les manques*: «lo manco», «lo mutilado»] y darles potencia, consistencia de medio en movimiento. Acentuar las faltas para hacer que dancen las palabras y darles potencia, consistencia de cuerpo en movimiento[34].

Los gestos poéticos son fórmulas de un rito de duelo. «Gestos de rostros improbables: eso queda de nuestros actos». Afrontar la impropiedad del propio rostro, su desemejanza en el semblante de los símbolos, su gestualidad enajenada: eso da miedo, es temible como asistir a un conciliábulo de espectros y terminar descubriendo que uno forma parte de ellos. Los gestos del poema tienen aura porque rememoran no sólo la magia de un conjuro. Para Gamoneda la poesía es un hecho «alquímico»: «transustanciación de las significaciones, incluidas las derivadas de sufrimiento, en experiencias de placer» (CS, p. 25). Extraer algún placer del sufrimiento es, en efecto, la fuerza del poeta. Pero «transustanciar» es también un verbo de resonancia teológica que designa la acción por la que un cuerpo se convierte en otra cosa: quizá en un símbolo que se simboliza a sí mismo. El poema es ese cuerpo transustanciado en aparición simbólica. Presencia real de la desaparición. Resto que arde en memoria de una pérdida. Cruel símbolo de sí.

---

[34] G. Didi-Hubermann, *Gestes d'air et de pierre. Corps, parole, souffle, image*, Paris: Minuit, 2005, p. 9.

# Para llegar
# a Rodolfo Hinostroza
*William Rowe*

Cuando se habla de la poesía de Rodolfo Hinostroza, no hay un objeto al cual acercarse –en el sentido de un léxico o un conjunto de rasgos estilísticos–. Los poemas de Hinostroza se resisten a tal tipo de aproximación. Es más, no hay objetos propiamente dichos en su poesía. Hay frases que son procesos, que producen relaciones múltiples y fluidas entre sí; frases que son desplazamientos, abriendo cada vez nuevos espacios, porque no suprimen, no excluyen: es decir, no producen el sentido gracias a la imposición de los nombres. Se trata de un lenguaje poético que elude ciertas leyes del discurso, y que a la vez logra una libertad sintáctica que pocas veces se ha conseguido en la poesía de lengua española. Consideremos el comienzo del poema «Dentro & fuera»:

> Sumersión prolongada en las formas
> para emerger purificado
> el equilibrio de la percepción va hacia la sagesse
>
> la meditación sobre la armonía
>
> y el contraste          la Videncia
>
> es el estado natural del hombre
>                    total de relaciones
> diálogo de los cien velos y lo que ocultan

El despliegue de las frases por el espacio de la página obviamente
obedece al principio afirmado por Mallarmé: redistribuir el espacio
blanco, que no sea solamente una extensión inerte que enmarca al
texto, sino que entre en juego con la tipografía, para que las palabras
cesen de funcionar como meros instrumentos, y adquieran espesor y
ritmo visual. Si trazamos rápidamente la historia de esta actitud en la
poesía moderna, encontramos que tuvo su mayor desarrollo en dos
momentos: el de las vanguardias históricas de 1910 a 1930, y el del
Concretismo de los años cincuenta. En cuanto a las vanguardias
habría que citar el Dadaísmo y la poesía de Tristan Tzara. Y de los
concretistas brasileños, habría que mencionar que, siguiendo a Ezra
Pound, buscaron lo ideográfico del lenguaje, las maneras en que el
sentido depende de los efectos gráficos, como en el caso de los carac-
teres ideogramáticos chinos. Sin ser poeta concretista, Hinostroza
incorpora signos matemáticos al lenguaje poético, como lo había
hecho Pound con los caracteres chinos en la sección *Rock Drill* de los
*Cantares*, y Zukofsky con algunos signos matemáticos en *A*. El despliegue de las frases por el espacio de la página se acompaña por símbolos matemáticos que indican relaciones espaciales –en el caso citado, el inicio de la diferencia (la línea del círculo que corta el espacio y
lo divide) que se cierra sobre sí misma, produciendo la delimitación
más perfecta del espacio y, luego, el signo de la no equivalencia.

Si los signos matemáticos indican relaciones, sin apoyarse en un
soporte material sonoro, sin tener espesor sonoro, cabe preguntarse
¿cómo se los lee? ¿En qué tipo de superficie se inscriben? Mejor
dicho, si se inscriben literalmente en el espacio, entonces ¿qué ocurre
con las palabras? O, dicho de otro modo, si leemos los silenciosos
signos matemáticos en el mismo acto en que leemos las frases verbales, ¿qué alteración se producirá en la lectura de lo verbal? Si indicar
una relación no se acompaña por una imagen sonora, y la lectura pasa
por esos signos desprovistos de sonido, en ese caso ¿cuál será el efecto sobre la lectura de las frases que sí dependen del elemento sonoro?
¿Se aproximarán éstas a la diafanidad de los símbolos matemáticos?
O, por el contrario, ¿quedarían empañadas por el espesor opaco del
sonido, mientras éste disminuye la posibilidad de relación con el
afuera? Es posible, como veremos más adelante, que se trate de ambos
efectos. Lo cierto es que la interferencia mutua de ambos lenguajes
produce un efecto de desanclaje de cada uno.

Al igual que los otros poemas de *Contra natura* (1971), el libro más conocido de Hinostroza, «Dentro & fuera» carece de un sujeto poético reconocible; no nos ofrece un núcleo o espejo de identificación. Se puede hablar, tal vez, de la elección de un sujeto disperso, que rebasa los límites espaciales y temporales de la vida individual. Un sujeto nómada, si se quiere; no sólo nómada del espacio sino del tiempo también. Y es que este sujeto no tiene nombre –o tiene muchos nombres– lo esencial es que se escapa a la nominación que pudiera capturarlo. Y éste es un asunto que va más allá de la función gramatical de los nombres, e involucra la cuestión del lugar desde donde se enuncian y se despliegan los nombres, y del tipo de compromiso ontológico que los acompaña.

Vamos por partes. Según la teoría filosófica de la interpelación, elaborada por el filósofo francés Louis Althusser, el sujeto comienza a existir desde el momento en que es llamado, y el lugar desde donde se lo llama es, a fin de cuentas, el estado, que, estado, en este caso, vendría a ser heredero del discurso religioso judeo-cristiano. Hay un poema de César Vallejo, escrito en la década del veinte, que pone el dedo en ese convocar a la persona que exige que se constituya como sujeto. El poema se llama «Nómina de huesos»:

Se pedía a grandes voces:
–Que muestre las dos manos a la vez.
Y esto no fue posible.
[...]
–Que piense un pensamiento idéntico, en el tiempo en que un cero permanece inútil.
Y esto no fue posible.

Y el poema sigue, en esta forma de letanía, hasta llegar al final:

–Que le llamen, en fin, por su nombre.
Y esto no fue posible.

En el poema de Vallejo, la sustancia humana escapa a la nominación. La máquina que nos convierte en sujetos queda saboteada. La sustancia, la materia afectiva, liberada, surge y brota.

En la poesía de Rodolfo Hinostroza, lo que sería el sujeto, la sustancia que nos compone, no se atiene al nombre, sino más bien a «un total de relaciones». Vuelvo a citar: «la Videncia / es el estado natural del hombre / total de relaciones / las matemáticas purifican / $E = mc^2$ / limpian un cuerpo un espacio». Hay un tipo de compromiso ontológico aquí, si entendemos por compromisos ontológicos «aquellos que nos permiten decidir, por razones que no son de origen experimental, qué es lo que existe y qué es lo que no existe»[1]. Entonces las relaciones que residen en la matemática, ¿de qué modo influirían en el poema, qué tipo de realidad nos proporcionarían? Creo que se aproximan a lo que Gilles Deleuze en algún momento ha llamado el empirismo radical. La palabra *empirismo* quizá suene fuera de lugar, tratándose de una poesía que aparentemente apuesta por una especie de pureza abstracta. Pero es que en esta poesía, no hay abstracción en el sentido normal de la palabra, es decir, en el sentido de lo que se opone a lo concreto. Son poemas de gran porosidad para con la materia de los sentidos. Las relaciones que indican los signos y las ecuaciones matemáticos, se situarían, no en una región eterna e ideal, tal como Platón vio a la matemática, sino en medio de las realidades concretas, impidiendo que los nombres las sumen y las encuadren por medio de un tipo de lenguaje que al nombrar, subordina lo que nombra al espacio previamente ordenado. En esto, el lenguaje poético de Hinostroza es una inversión completa del de Rilke, ya que este último, en el poema noveno de las *Elegías de Duino*, encuentra en la palabra que nombra, en el acto de nombrar, «una intensidad / que las cosas mismas nunca soñaron expresar». Rilke había dicho en una carta que su generación tal vez fuera la última que podría experimentar las cosas en su plenitud, ya que la época de la producción masiva las reducía irremediablemente. En Hinostroza, las relaciones, y no los nombres, serían el lugar de lo emergente: los nombres no constituyen la plenitud. Aquí asoma lo difícil de la apuesta de Hinostroza: asumir la ausencia, aquella que habita los nombres, sin abandonar la fe en la transformación utópica de lo humano.

Deleuze habla de «la exterioridad de las relaciones» como el sitio en que reside la vida. Y lo dicho hasta ahora tiene que ver con la relación del poema con el afuera. Pero ¿cuál afuera? Uno piensa en el poema-ameba del poeta chileno Nicanor Parra: el poema que se

---

[1] José Carlos Ballón, *Un cambio en nuestro paradigma de ciencia*, Lima: Consejo Nacional de Ciencia y Tecnología, 1999, p. 237.

alimenta de todo lo que lo circunda hasta que la frontera entre lo poético y lo no poético se borra incesantemente. En la obra de Parra, esta porosidad para con el afuera involucra, sobre todo, el habla, hasta que el lenguaje hablado viene a ser la materia de la poesía, y se expulsa de ella la figura privilegiada del poeta, y el sujeto poético se dispersa en el habla. Pero el caso de Rodolfo Hinostroza es diferente. Si el lenguaje, desplazado del estatuto nominativo, desanclado del discurso regulador, se abre hacia el infinito del universo, también, sin embargo, encarcela, nos encierra, crea el estado en que «no hay afuera».

Es así en el poema «Diálogo de un preso y un sordo». El sujeto hablante se encadena en su propio discurso:

> Dime, escuchas ese rumor? Es como si trajeran a un preso, y ese
> chirrido de cadenas es lo único que nos separa del mundo irreal.

El sonido, portador del significado, en lugar de ser rastro del mundo externo, se convierte en parte del encarcelamiento:

> «Clang, clang» tañen las monedas sobre un plato de estaño, oyes?
> No te duermas! Quieres
> más sueño todavía? George? cualquier cosa, ese clang clang idiota,
> [...]
> nos acerca a la realidad.

¿Qué es lo que sucede? El sonido que es la impronta del mundo externo y por otro lado el sonido que es el sonido de las palabras se van confundiendo. El mundo externo, al insistir en él el sujeto, se abre sólo para encerrarse en las palabras. Lo mismo el olfato: «La mujer olía a lino [...] / La mujer olía [...] / La mujer olía a mujer [...] / La mujer es ese ruido», dice el verso que se repite cada tanto. Está la materia significante («mujer»), pero no hay significado. O el silencio del otro que no habla es el significado. El poema, hacia el final, llega a un límite extremo de sonido que no suena: «Ningún ruido. El pájaro tilín no suena tilín no suena». *Tilín* es el nombre y el sonido del nombre que no suena. El sonido que no suena es ambiguo. Es la puerta de la «cárcel». Pero ¿será la puerta de entrada o de salida? Si es el silencio donde surge el significado, ¿podría ser la salida?

Entonces el lector tiene que pasar por allí, por ese desfiladero, para llegar a lo otro, eso otro que sería, en último caso, la mediación del universo por el lenguaje. Por cierto, existe un buen número de poemas que hablan del universo, a través de enunciados mitológicos, o echando mano de esa mitología débil que es el lenguaje de la ciencia popular. Pero no se trata de eso. Tampoco se trata de la simple traslación de las imágenes a la conciencia (que sería la fantasía de la psicología positivista) sin mediación de la palabra. Al contrario, la cuestión es descubrir un lenguaje posible, del que podría emanar el universo. «Quasar, agua de luz», dice el poema «Dentro & fuera». Ese manar no se circunscribe a lo que se suele pensar con relación al «cosmos»:

> y nuestros cuerpos se moverán hacia Hércules & Lyra
> y la energía que emana de un cabello será bastante magia
> para esta noche.

E incluye los grandes anhelos humanos:

> La Historia es la incesante búsqueda de un domo cristalino
> que hay que mirar como jamás nadie ha mirado
> y tus ojos son de esta tierra, Oh César
> 　　　　　　　　　　　　el poder corrompió a la Idea
> 　pero la Idea queda
> 　　　　　　arbotante y tensión sobre un espacio de aire

Este desprenderse del discurso del Poder, que ha capturado a la palabra, implica jugárselo todo:

> la otra margen quizás no he de alcanzar

La apuesta incluye la materia biológica y cósmica:

> el movimiento del aminoácido y los astros

E incluye la posibilidad del fracaso:

> y la otra margen no habremos de alcanzar

Lo que el libro va produciendo, entonces, es un diálogo entre el lenguaje científico y el poético, y el resultado de ese intercambio consiste en que ambos cambian, ambos se desprenden, se desasen de sus puntos de anclaje en la realidad, regidos como están por una historia determinada, por un régimen determinado del poder.

No se propone la salida definitiva, una idea, por lo demás, que sustituiría la historia por la religión. Por el contrario, cada apuesta acarrea el retorno de la violencia de «lo sucedido en milenios», de la turbulencia de «las pasiones shakesperianas». Lo que hay de utopismo en este libro no funciona mediante la sustracción o la supresión. En el partido de ajedrez con el que comienza la serie de poemas, el jugador, que es una figuración del sujeto poético, se choca con la realidad del error que se repite, y pregunta al Maestro:

> Cómo voy a seguir?
> Qué decir de la Historia si es licencia poética
> decir que se repite, que el incesante error
> de los vencidos se repite, que el Poder del Imperio se repite?

Afirmar que la historia se repite es decir poco: la historia enseña que la historia enseña, dijo Gertrude Stein. No es lo mismo decir que se repite que afirmar la repetición. Habría que pasar por lo ya dicho, por la repetición y lo que ello implica para con el lenguaje. Ésta sería la puerta de entrada. Porque la repetición de algún modo es la realidad, el adentro que se está obligado a afirmar, la pasión de Hamlet que afirma: «Los manjares del banquete nupcial sirvieron para el banquete de difuntos», es decir que el eros incluye la violencia, el asesinato, el incesto:

> todo fue arriesgado
> y todo fue perdido.

La posibilidad de salir de la repetición inútil parece nula:

> La implacable esfera
> las leyes implacables. 64 escaques y
> el universo se comba sobre sí mismo. No hay afuera, no hay
> escape hacia otra dimensión donde todo esto sea
> la historia del reptil, la historia del anfibio, la pura prehistoria.

El universo que se curva sobre sí mismo se da literalmente en cada parte, en cada acto. No hay un afuera al que el lenguaje podría *referir*.

Sin embargo, esa condición que afirma cada jugada sería el comienzo de lo posible, no el cierre. Se le da al Maestro la última palabra: «Pero vuelva a jugar [...] una partida / es sólo una partida. La especie humana / persiste en el error, hasta que sale / una incesante aurora / fuera del círculo mágico».

Lo que quiero sugerir es que este libro mete todo el lenguaje en esa jugada. El lenguaje, de cierto modo, es el protagonista del libro mismo. De ese tamaño es el riesgo que se asume.

De ahí que los bloques de los que se construye el libro no sean propiamente semánticos. El lector no puede desplazarse de un poema a otro a través de campos semánticos que se asemejan. No hay desarrollo de temas, ni asociaciones mentales, porque no existe un plano que podría llamarse mental. El libro consiste más bien en un campo de relaciones que actúan sobre distintos planos que se intersectan.

El libro anterior, *Consejero del lobo*, es más convencional en ese sentido. Hay voces, que pertenecen a personajes/protagonistas, hay narrativa. El poema «Horacio», por ejemplo, se refiere al personaje del *Hamlet* de Shakespeare. Lleva como epígrafe las últimas palabras de Hamlet: «The rest is silence» –lo demás es silencio–. Hamlet, se recordará, ha muerto envenenado por un ardid del rey, que por su parte ha usurpado no sólo el trono sino la cama matrimonial de la madre de Hamlet. Es decir, muere atrapado por el círculo espeso de la violencia. Horacio, su amigo más entrañable, propone suicidarse para acompañarlo, pero Hamlet le ruega que viva, que se ausente de la felicidad, para que pueda decir la verdad sobre lo sucedido. Horacio de algún modo representa al sensato, al que se encarga del relato. Y la voz del poema, que habla desde la zona de las pasiones turbulentas y trágicas, le pide consejo. El poema comienza por abrir una fisura en el tiempo histórico:

Se han detenido, Horacio, las flechas en medio de su vuelo.
El lejano prestigio de la luna levanta nuevamente a las doncellas
Y las teje y las enreda en un delgado sonambulismo.

¿De qué tipo de fisura se trata? Sólo sabemos que se suspende el *telos* de la historia, el de los vencedores, y que surte de algún modo la materia de los sueños. Pero los sueños son opacos, no suministran ideas:

Horacio, mirando el cielo vi a un pez anciano
Removiendo hueveras luminosas. En el lecho soñé
Que todos los habitantes de la tierra, uno por uno,
Venían a verme, porque yo era un cachalote varado y todavía
Poderoso, que sólo obedecía a órdenes de dioses,
Las que nunca llegaban.

Horacio, por el contrario, habita un mundo de fines claros, que imponen los medios precisos:

(El que va a intervenir en la batalla
tiene que despojarse del silencio
tiene que conocerse los brazos y las piernas,
tiene que temer mucho a la muerte. El que va a intervenir
en la batalla, orina, come poco y besa a su mujer si es que la tiene.)

Horacio y sus amigos ponen su fe en el ejercicio de la fuerza sobre el tiempo y el espacio, habitan un mundo que corresponde a eso: «En el centro de tu corazón / habitan los hombres voluntariosos, los entusiastas / del músculo y la flecha… / Esos que llegaron a ser…». La voz que nos habla, habita otra planicie, donde no hay cálculo posible:

Se detienen las flechas en medio de su vuelo,
Hay una calma tensa como el techo de un hongo.

Este primer libro fue escrito en el contexto de la crisis de los misiles de 1962, que fue probablemente el momento más peligroso de la Guerra Fría. En ese momento Rodolfo Hinostroza se encontraba en Cuba, adonde se había ido con una beca para estudiar cine. El libro rechaza los discursos que se alimentan de la lógica de la Guerra Fría, pero no ofrece un discurso alternativo, una racionalidad contraria. La brecha que abre se alimenta de los sueños, de una sustancia reacia al conocimiento:

El que está sobrio
Vuélvese a la madera de los sueños. Ya ha conocido
El olor del catafalco, ya ha madurado a la luz de la luna
[…]
Vuelve a no saber nada el que está sobrio

No sabemos cuáles son el lugar y el tiempo desde los que obra sobre nosotros la voz que articula el poema. Sólo está, por un lado, la historia y, por otro, esa materia opaca y pegajosa de los sueños, que no cede a la iluminación de la razón, y que por eso sería lo que nos podría entregar la verdad del deseo.

Todo esto, a lo que estamos llegando, se resume en el extraordinario poema penúltimo de *Consejero del lobo*. Habla una voz, que el título del poema denomina «la voz en la playa»:

> [...] Mañana, cuando reposen como trozos de yegua al sol
> la Santa Biblia y el Talmud,
> reseco en nuestra boca estará el sabor
> a sangre ajena, y el enemigo será sólo una palabra
> repugnante a nuestra lengua. Maldeciremos
> el tacto de la lluvia, el olor del mar,
> la olla del crepúsculo. Ella, La Idea, finalmente refulgirá
> como un pedazo de nieve a la Luna.
>
> Yo no estaré. Entonces mis huesos hablarán por mí
> y este siglo de catástrofes y trágica grandeza penderá
> ante mis ojos que vieron el fulgor de la matanza. Entonces
> querré decir que no participé y que mi amor fue más hondo [...]

El lector descubre que se trata de la voz de uno que ya murió. Mejor dicho, la lectura empieza a habitar la verdad de que esta voz habla desde una zona que se ubica entre la vida y la muerte, desde un intervalo, a la vez enorme y infinitesimal. Nos habla: no sólo en cuanto habla a nosotros, sino también en cuanto llama a un nosotros distinto, llama a otro sujeto, que no sea el sujeto de la historia.

> ([...] La Historia, como un buey en la noche,
> nos arrastró a la Gran Aventura
> y además poseyó nuestro cuerpo una intolerable sed de vivir
> y agotar las formas de experiencia resecas en el tiempo
> como muertas mariposas.)

En el Nuevo Testamento, es el Mesías el que vendrá como ladrón en la noche (2 Pedro, 3:10). En el poema, ese momento ha sido tergiversado y agotado por el tiempo histórico. Me parece que allí podemos reconocer nuestra época, la del agotamiento de «las formas de experiencia». Entonces, lo que trae a colación el poema es la negación, la terca insistencia en el sueño:

> Dormiré un largo rato aún, y luego bajaré a la playa
> y beberé, y escucharé las viejas voces de otros tiempos...

El lenguaje de estos poemas remueve capas olvidadas de la memoria, sedimentadas en la lengua, y desterradas por la Idea, por la racionalidad moderna. Varios personajes/voces deambulan por el libro, voces que no encajan en los relatos dominantes de la época, habitantes de la condición del destierro. Es el caso de Caín:

> Muerto y de pie, entre la luna y la ciudad suspendido. Muerto
> fantástico estoy rugiendo en la hondonada
> donde me condenasteis por siglos y siglos.
> No veré la tierra prometida que vosotros construiréis
> entre el hierro y la metralla. He sido arrojado
> por la espantosa violencia de la Idea,
> a otras playas, otros símbolos, una muerte peor de la que conocieron
> vuestros héroes

¿Cómo hablar de la carga que acarrea esta voz, ya que, más allá de los elementos narrativos, habita una zona extraña, poco reconocible, que no ha sido designada por los signos habituales. Por cierto, ya ha pasado por esa muerte de la que nos habla. Por ahí quizá podemos empezar a calibrar el tamaño de la brecha que se ha abierto en la temporalidad histórica. Y sin embargo aquello no tiene medida:

> El destierro
> de lo que será el corazón humano ha descendido esta noche
> sobre mí, sobre el justo, sobre el inteligente que yo era
> y me retorceré en el lecho, y no habrá más que el aullido de los
> perros, y las secas campanas de la catedral.

Estos poemas están construidos sobre un diálogo entre esas voces desterradas y las de lo que podríamos llamar el *sentido común*. Es la voz de éste la que se dirige al personaje designado «el caído»: «Para poder hacerlo te postergamos a ti, puro en verdad, / como tu madre te pariera, aquél que deseaba vivir en un mundo sonoro, / atravesado por leves franjas de luz y sombra». Desde adentro de la voz de la Razón, ha empezado a delinearse el tiempo del otro: «Que te sirva el reposo que hurtas entre el ronquido de las máquinas / calculadoras». La diferencia que se va abriendo está más acá de la oposición ideológica, porque lo más importante ocurre en el tejido mismo del lenguaje. Se va revelando cuál es el deseo del lenguaje que recorre el libro mismo: «un mundo sonoro, / atravesado por leves franjas de luz y sombra». Aquí se perfila ese sueño de la plenitud de la palabra con que soñaba la poesía de posguerra, la de Javier Sologuren o de Jorge Eduardo Eielson, por ejemplo: una poesía que buscaba las ricas sonoridades simbólicas, de Rilke o de Saint-John Perse, pero que justamente, al apostar por esa plenitud, encontraba que no existían ya los personajes –los sujetos– que pudieran habitarla. Allí está la experiencia de Nicanor Parra, que buscaba una poesía que sonara como la de Whitman y encontró, sin embargo, que en lugar de la voz de gran aliento, se metían en sus poemas personajes antiheroicos, es decir, que el afuera de la realidad histórica actual se metía forzosamente en los poemas. Allí nació el antipoema. Como también la poesía posterior de Eielson, que abandona las sonoridades del mundo interno y vuelca la afectividad hacia fuera, hacia las superficies del mundo visible.

Los personajes de Hinostroza se aferran a la materia de sus sueños, pero no viene la Poesía para protegerlos de la derrota, ofreciéndoles –como es la costumbre– la sonrisa irónica o la mirada superior del cinismo. Derrotados, persisten y crecen en la negación. Abren surcos en la voz de la sensatez que se dirige a ellos, como aquel al que se le dice: «exilado por tu brutal sonambulismo»; no se salvan del tiempo como los héroes y los santos, «los que eludieron el instante / de conciencia, de paciencia, de prudencia, y, desde luego / no quedaron herrumbrados en las redes del tiempo / como peces fantásticos. Es cierto, no se han putrefactado, / lo vimos con esos ojos que han de comer los gusanos!».

*Consejero del lobo* termina con una pregunta sin respuesta:

> Qué es aquello, qué es aquello? Di.
> Tengo los párpados heridos hoy como casi nunca.
> [...] Di,

porque en noches pasadas tuve un sueño y el alba
me llenó de amargura. Tenía los sentidos colmados,
pensé que iban a estallar y entonces desperté
y el sol ya se reflejaba en el lavatorio, dibujando
formas luminosas en el techo del cuarto.
Qué es aquello? Dilo, porque sé que está hecho
de la terca sustancia de los sueños.

La pregunta, en el fondo, es por lo que se escapa a la nominación, aquello innombrable que hace rebotar al discurso y le impide actuar. Y también es la pregunta por el sujeto de los sueños, aquel que es el sujeto de la escritura, y que ante la falta de respuesta tendrá que reiniciar la obra: «Dilo o yo tendré que volver a hablar / entre el caos y la muerte repartido».

Así se inscribe el inicio del segundo libro en el primero. Sin embargo, *Contra natura* no es una mera continuación del primer libro. La «sustancia de los sueños» pasa por una mudanza: pierde aquella opacidad que era lo que impedía que la Idea lo devorara todo. Se puede decir que los sueños de los personajes/sujetos de *Consejero del lobo* se convierten en deseos del lenguaje mismo. Y el sueño deja de oponerse definitivamente a la Idea. Ambos se transforman. Contra el Poder, iconizado por el nombre César, se afirma, como posibilidad del lenguaje, el enlace del erotismo de los cuerpos y la Videncia:

> La Historia es la incesante búsqueda de un domo cristalino
> que hay que mirar como jamás nadie ha mirado
> y tus ojos son de esta tierra, Oh César
>                             el poder corrompió a la Idea
> pero la Idea queda
>                 arbotante y tensión sobre un espacio de aire
> Tienes quien te haga las canciones heroicas
> un puñado de máximas para defenderte de la muerte
> y puedes arrasarlo todo
>                   hombre que duerme.

El arbotante, piedra que vuela, es el arco del deseo hecho frase y extensión del espacio, pulsión del lenguaje que sostiene el peso de un cuerpo y el desplazamiento de la frase en el espacio de la página. La relación entre sueño y realidad se ha invertido. Ahora es el hombre

del Poder el que duerme, el que está sumergido en las pasiones shakesperianas. De lo que se trata es de despertar.

A lo que se llega es a la unión del erotismo con el intelecto, y las
mediaciones incluyen, por un lado, el lenguaje de las matemáticas y,
por el otro, los textos de gran erotismo que han marcado la lengua,
entre ellos el *Cantar de los Cantares*, la lírica de Goethe, y la poesía
de Emilio Westphalen, poeta peruano de la primera vanguardia. Westphalen es autor del lenguaje más altamente erótico de la poesía peruana. ¿Cuál es el punto en que se reúnen intelecto y erotismo? Quizá
nos acerquemos a alguna respuesta si leemos a Hinostroza a través de
Westphalen y viceversa, posibilidad que ya está sugerida por las citas,
bastante frecuentes, del libro *Abolición de la muerte*, de Westphalen,
en *Contra natura*.

En Westphalen hay abandono del cuerpo y un desasimiento hasta
de la muerte misma; ya nada resiste al deseo. La disolución del sujeto
en el deseo implica jugárselo todo, inclusive el nirvana: «la otra margen acaso no he de alcanzar».

> Mi cabeza he dejado rodar
> Mi corazón he dejado caer
> Ya nada me queda para estar más seguro de alcanzarte
> Porque llevas prisa y tiemblas como la noche
> La otra margen acaso no he de alcanzar
> Ya que no tengo manos que se cojan
> De lo que está acordado para el perecimiento
> Ni pies que pesen sobre tanto olvido
> De huesos muertos y flores muertas
> La otra margen acaso no he de alcanzar.

Creo que se puede decir que la inteligencia está en el abandono, el
desasimiento de todo lo reconocible, que incluye el abandono de los
signos del conocimiento sin dejar de conocer –el desconocer la muerte, en nombre de otra muerte: el eros es la muerte del tanatos–. Dicho
de otro modo, la erotización del lenguaje rompe los diques que constituyen sujetos y objetos. De ese tamaño es la apuesta.

Leer a Hinostroza a través de Westphalen es encontrar que no sólo
está la infinitud del deseo, sino también la muerte biológica: que
ambas conforman el campo de fuerzas/pulsiones que el poema traduce y que por allí pasa también la historia. Contra los sueños del Poder,

el «continuum represivo» del poder sobre los cuerpos, se opone un sujeto que habla desde «la belleza mortal», desde esa finitud, esa inmanencia, y no desde un poder eterno que negara –que acabara sustentando– el poder temporal. Así se constituye el antagonismo: «Oh César / no me sueltes a tus perros de presa / la otra margen quizás no he de alcanzar / quizás me turbe / la contemplación de la belleza / y quede detenido otra vez detenido por un cuerpo». Y se da, dentro de esa finitud, otro ciclo que la excede, el del tiempo que se curva sobre sí mismo: «y una manzana otra vez una manzana / [...] se lleva el paraíso / goteando / y la otra margen no habremos de alcanzar». Dicho de modo más abstracto, la infinitud del deseo se sitúa dentro del ciclo del «pudrirse y engendrar», del «desovar y morir», como el salmón que vuelve al mismo lugar y crea así la figura del universo que se arquea sobre sí mismo, figura que permite que quede otra cosa que no sea la pura repetición: «desovar / saber / morir».

Existe una lectura de *Contra natura*, ya más o menos convencional, que sostiene que, a pesar de sus intenciones formales, ha quedado, a la larga, limitado por un contenido de tipo utópico asociado con los movimientos de 1968. Habría que decir, al contrario, que en el momento en que el universo, que incluye el decir, se curva sobre sí mismo, en ese punto en que se abre la posibilidad de cambiar el mundo, el contenido se convierte en forma y no en ideología.

Westphalen dice que la poesía es metamorfosis infinita. Si la poesía articula la sustancia capaz de la metamorfosis sin límite de la que estamos hechos, sólo puede hacerlo desde dentro de la repetición de la violencia que es la historia. Aquí, me parece, encontramos en Hinostroza el rastro de la historia que ha intervenido entre la época de las primeras vanguardias del siglo XX, que se cierra en América Latina con la obra de Westphalen, y la época actual. Si el lenguaje de Westphalen vuelve a vivir en los poemas de Hinostroza, ha pasado por la época del nazismo, el estalinismo y la bomba atómica.

Esa repetición de la violencia se registra en uno de los poemas más bellos del libro, cuyo título es el de éste, «Contra natura». Utiliza como armazón el relato bíblico de Judit y Holofernes, el empleo de la seducción para asesinar al enemigo. El poema pone en juego el doble aspecto del placer: si el eros alucina porque busca repetir aquella percepción que le dio satisfacción anteriormente, al mismo tiempo no alucina porque, en la versión de Hinostroza, Holofernes entra a

sabiendas en la treta. Lo que sabe Holofernes rebasa los límites del
individuo físico; sabe que el deseo sexual es recapitulación de la historia de la vida, que en él se desplazan los primeros aminoácidos del
origen de la vida, que sólo en la repetición misma se da la posibilidad
de salir hacia un afuera. La voz es de Holofernes, pero lo rebasa como
personaje:

> Vegetarianos & Salvation Army & Hippies
>                 no detendrán las guerras
> la tarea es reparar lo ocurrido en milenios
>             hija de Betulia: plegaria
> mis cabellos son largos como los tuyos
> la paz y la belleza de este mundo se han extendido sobre mí
> nuestros cuerpos
>     sucesivos intemporales hommages al alba de la vida
> ánima sola
>        & vi el hacha en tu túnica
> pero quise rescatar en una noche /thalassa oh thalassa/
>       toda una vida perdida.

En el límite de la voz está la ambigüedad indisoluble del ciclo irre-
parable y la negación que transforma. Por allí va, en ese volver a
jugárselo todo, la apuesta de este poema y del libro en su totalidad.

En 1963, el joven poeta peruano, Havier Heraud, murió acribilla-
do en la selva peruana. Tenía 21 años. Había entrado clandestinamen-
te al país con un pequeño grupo de compañeros. Su meta era crear un
foco guerrillero. Creía que de ese modo abrirían el camino a la revolución. Cuando murió Heraud, escribió Washington Delgado, otro
poeta, algo mayor que él: «Dice un prosista chino que al principio no
existe el camino, pero cuando muchos hombres pasan por un mismo
sitio aparece el camino. Así es la revolución… entre el verbo y la
acción el revolucionario escoge la acción». Por detrás, sin embargo,
alentaba un discurso del martirio que no difería del que alimentaba el
Poder.

Heraud era del grupo de jóvenes peruanos que habían viajado a
Cuba para estudiar cine. Entre ellos estuvo Rodolfo Hinostroza. El
estudio del cine resultó ser eufemismo del entrenamiento guerrillero.
Hinostroza se negó a seguir ese camino. En la ocasión de la muerte de
Heraud, entre las personas de izquierda, se cultivó el discurso del

heroísmo y del martirio. Se escribía de «la muerte de un hombre por su pueblo», de uno que «murió por nosotros». En la poesía del propio Heraud, también estaba la muerte como *telos* y valor: «supuse que / al final moriría / alguna tarde / entre pájaros / y árboles»; «la poesía es entonces, / el amor, la muerte, / la redención del hombre». Detrás de la palabra está el sacrificio, dándole valor.

Difícil oponerse a tal discurso. De allí seguramente viene el verso de Hinostroza: «Que se abra para ti la rosa amarga del malentendido». Y estos otros:

> Yo no estaré. Entonces mis huesos hablarán por mí,
> y este siglo de catástrofes y trágica grandeza, penderá
> ante mis ojos que vieron el fulgor de la matanza. Entonces
> querré decir que mi amor fue más hondo…

# Inscripción poética del cuerpo

*Amelia Gamoneda Lanza*

El título del presente ensayo puede ser entendido de varias maneras; esta pluralidad de sentidos no lo convierte, desde luego, en un título poético, y tampoco quisiera yo que funcionase como adivinanza, así que voy a deshacer enseguida la ambigüedad. Con «Inscripción poética del cuerpo» no me refiero a ningún cuerpo portador de una inscripción poética tatuada o sobrepuesta, ni me refiero tampoco a ninguna poética divisa grabada por mano y cuerpo en piedra conmemorativa o celebratoria. Me refiero al tipo de marca que deja el cuerpo en la escritura y en el texto, un tipo de marca que –aunque postergue las justificaciones– me apresuro a calificar de poética.

Con el nombre de «escrituras del cuerpo» se empezaron a producir en los años setenta en Francia estudios de género que persisten hoy en día aunque hayan cedido algo de terreno frente a los estudios culturales; los estudios de género, nutridos de feminismo y psicoanálisis –y sustentados teóricamente por los textos de Hélène Cixous o Luce Irigaray– han abierto los textos a lecturas en las que el cuerpo funciona como clave de comprensión de un segundo sentido, o como materia temática preferente, o como matriz metafórica. Actualmente, la «escritura del cuerpo» trata de desligarse de los estudios de género y de articularse en torno a una perspectiva interdisciplinar que concierte saberes venidos de la ciencia, la filosofía, la antropología, etc. Esta mirada sobre los textos, fundamentalmente narrativos, subraya en ellos la pregnancia del motivo corporal en el nivel del contenido; el interés cultural existente por el cuerpo conduce a la exploración de sus modos de representación icónica en el texto. Así surgen, por ejemplo, estudios sobre el parto o el aborto en la novela contemporánea, sobre la imagen del tubo digestivo, sobre la representación de las manos como interioridad psíquica, o sobre la escritura autobiográfica de la anorexia. En estos contextos, no se aborda una exploración textual que trate de identificar la incidencia de lo corporal –si la hubiere– en el surgimiento de una determinada configuración de lenguaje. Es decir, a esta perspectiva de análisis le interesa más lo que el texto aporta al cuerpo que lo que el cuerpo aporta al texto. Y por ello ignora lo que el cuerpo pudiera estar haciendo en el seno del lenguaje.

Un estudio de poética, sin embargo, pondría el acento no en el cuerpo sino en el texto, y buscaría una huella o inscripción del cuerpo en el texto que determinara sus modos de hacer poéticos. Buscaría el modo en que, como dice Olvido García Valdés, «la escritura [puede ser] entendida como segregación que ciertos organismos producen, segregación que forma y no forma parte de ellos: un cuerpo extraño»[1]. Nombrar a Olvido García Valdés en este principio de exposición delata ya mis intenciones: voy a procurar que este primer tramo teórico sostenga la lectura que luego haré de un poema suyo.

Desde antiguo en la historia de la poética esta huella del cuerpo se ha mostrado en la noción de ritmo. El ritmo es índice del cuerpo en el lenguaje, y testigo de esta convicción poética es, quizá, el cruce que en algún momento de sus trayectorias sufrieron las etimologías griegas de los términos «palabra» y «baile», ambos descendientes de «paraballein». También la medicina griega dio muestras de esta estrecha asociación entre ritmo poético y ritmo del cuerpo; Herófilo –al que Plinio llamó «poeta de la medicina»– describió el pulso de las diferentes edades del hombre –el movimiento de las arterias que percibimos en múltiples puntos de nuestro cuerpo– según el modelo de la prosodia griega, o sea, según el modo poético del lenguaje en su época; así, el pulso de un recién nacido era un verso de sílabas breves (un verso pírrico, de dos tiempos); en la juventud era un troqueo (de tres tiempos); en el adulto se convertía en espondeo (cuatro tiempos); en la vejez volvía a tener tres tiempos, pero ya como yambo. La salud del cuerpo era una salud rítmica análoga a la salud poética. La idea de

---

[1] Olvido García Valdés, *La poesía, ese cuerpo extraño,* Oviedo: Ediciones de la Universidad, 2005, p. 11.

Herófilo, a primera vista algo metafórica, bien pudiera ser reconducida hacia una enunciación de orden más general en la que, me parece, se reúnen las medicinas de todos los tiempos, y que, en el siglo XVIII, el médico Saint-Étienne expresaba diciendo que el ritmo existe en toda la naturaleza y que el cuerpo humano –en sus diversas funciones corporales– no escapa a este principio universal. Jackie Pigeaud, historiadora del pensamiento médico y su imaginario, comenta así este aspecto del ritmo:

> Si hay orden en nosotros [una forma natural que se identifica con nuestro ritmo interno], es que hay cultura en nosotros, es que hay cultura en nuestra naturaleza. Es que somos seres vivos y harmoniosos, aptos para la música y el poema, pues somos ya música y poema[2].

La idea es seductora pero, puesto que el cuerpo humano es anterior a toda cultura, quizá sería más propio pensar que, antes que la cultura en nuestra naturaleza, es nuestra naturaleza corporal la que está en la cultura, en la música, en la poesía: los ritmos del cuerpo y de sus funciones serían los ocultos inspiradores de los metros griegos, no viceversa.

Este asunto, simple sólo en apariencia, no es una ocurrencia obsoleta: los ritmos son reconocidos por los poetas como trampolines de la palabra: Claudio Rodríguez afirmaba que andar le despertaba el verso, y Amalia Iglesias nos dice que viajar en tren, con su traqueteo regular imprimiéndose sobre el cuerpo, enciende la escritura. Desde un punto de vista antropológico, el de Marcel Jousse, por ejemplo, existe también una relación de la estructuración rítmica y sintáctica del poema con el conjunto de gestos que acompañaba a la recitación[3]. Aquí, la gestualidad se concierta con el ejercicio respiratorio, cuyo ritmo natural es considerado propiamente ritmo poético por estudiosos como Octavio Paz. Le cito:

---

[2] «S'il y a de l'ordre en nous [une forme naturelle qui s'identifie à notre rythme interne], c'est qu'il y a de la culture en nous, c'est qu'il y a de la culture dans notre nature. C'est que nous sommes des êtres vivants harmonieux, prêts pour la musique et le poème, puisque nous sommes déjà musique et poème», Jackie Pigeaud, *Poésie du corps*, Paris: Payot, 1999, p. 186.

[3] *Cfr.* Marcel Jousse, *Anthropologie du geste*, Paris: Gallimard, 1977.

Recitar fue –sigue siendo– un rito. Aspiramos y respiramos el mundo, con el mundo, en un acto que es ejercicio respiratorio, ritmo, imagen y sentido en unidad inseparable. Respirar es un acto poético porque es un acto de comunión[4].

Lo poético pide ser dicho por la voz de un cuerpo, pide acordarse al ritmo de un aliento que es también el del cuerpo; transportada y modificada por esa respiración, la palabra poética establece un puente de contacto entre el cuerpo y el mundo. Respirar es un acto poético, dice Paz, y tal vez podría decir también que lo poético es un lenguaje que respira al ritmo del cuerpo. O afirmar, con Olvido García Valdés, que «ahondar en lo rítmico [es] buscar que se resuelva en lo de verdad respiratorio»[5].

La poética ha tendido durante muchos siglos a codificar los ritmos, y la manifestación más conocida de ello es la de la rima, sedimentación rítmica que adopta múltiples formas[6]. La sedimentación y la codificación, naturalmente, son procesos en los que se va borrando la huella del cuerpo, procesos en los que la rima –el ritmo– deja de funcionar como índice, como indicio del cuerpo. La poesía moderna, en un movimiento en el que se funden rechazo de norma y reivindicación de huella corporal, escapa de la rima, rescata la noción de ritmo y la preserva de una codificación severa (o le proporciona cánones tan variados y complejos que valen tanto como su ausencia: es el caso de lo que ocurre con la acentuación rítmica). Incluso, y puesto que el ritmo no es sino la forma de un movimiento[7], la poética moderna intuye que la noción que conviene a nuestra modernidad es la más

---

    [4] Octavio Paz, *El arco y la lira*, México: Fondo de Cultura Económica, 1979 (1ª ed., 1956), p. 296.

    [5] Olvido García Valdés, *La poesía, ese cuerpo extraño*, op. cit., p. 14.

    [6] En la rima, se da el patrón rítmico que incentiva lo que el neurobiólogo Jean-Pierre Changeux llama el «placer taxonómico», un placer que resulta de la percepción simultánea de lo repetitivo y de la novedad; el imperio de este esquema rítmico penetra en todos los estratos de nuestra cultura: por ejemplo, lo que no es enteramente nuevo ni enteramente conocido es lo que más atrae a los humanos en su edad infantil, pero es también el principio que rige la estética clásica.

    [7] De hecho, el término «ritmo», en la Grecia Antigua (también para Aristóteles), quiere decir «forma». El sentido moderno ha reducido el ritmo a una manera particular de forma: un curso con intervalos regulares y recurrentes. *Cfr.* Émile Benveniste, *Problèmes de linguistique générale*, Paris: Gallimard, 1966, pp. 327-335.

amplia y compleja de «dinamismo». Este cambio atañe también a la huella corporal registrada por lo poético: los movimientos del cuerpo indicializados ya no son estrictamente rítmicos sino dinámicos: es decir, no poseen formas de regularidad obligada. Así parece señalarlo Olvido García Valdés cuando amplía la noción de ritmo de esta manera: «el ritmo no es de la medida, sino de los latidos y la respiración, de la aspereza y el titubeo, de la levedad y la fatiga»[8]. En este sentido –el de un ritmo cuya forma cede ante la más aleatoria del dinamismo– André Spire, poeta y experto en fonética experimental, ha defendido que –puesto que la palabra es, antes que nada, un gesto de fonación y de articulación– existe una estrecha relación entre el placer poético y el placer muscular, y que un enunciado eufónico es el resultado de una «danza bucal»[9]. También –como lo señala Michel Collot[10]– son significativas en este contexto las hipótesis de Ivan Fonagy sobre «las bases pulsionales de la fonación», hipótesis que «se apoyan en parte sobre la idea de un isomorfismo entre la microgestualidad que acompaña a la emisión de los fonemas y los comportamientos presentes en cada una de las fases del desarrollo de la libido»; esta presencia de lo pulsional en la fonación remite a una presencia dinámica del cuerpo en el lenguaje, y no es de extrañar que Kristeva haya recuperado también parcialmente estas hipótesis de Fonagy en *La revolución del lenguaje poético*, y que se hallen presentes en su concepción de la producción de sentido poético.

Hablar de lo pulsional nos alerta sobre un cambio esencial en la concepción de ese cuerpo que se inscribe en el texto. Nos damos cuenta de que el cuerpo inscrito en la poesía moderna ya no es sólo el cuerpo perceptivo que sostenía la idea de ritmo. El cuerpo de la poesía moderna es complejo, es el «cuerpo vivido» y el «cuerpo propio» de la fenomenología, la «imagen del cuerpo» del psicoanálisis, el cuerpo neurobiológico, el cuerpo poliforme de la cultura, y su inscripción como dinamismo produce un índice, por así decirlo, poco reconocible. La localización de esas huellas corporales necesita de un cuerpo

---

[8] Olvido García Valdés, *La poesía, ese cuerpo extraño, op. cit.*, p. 14.

[9] *Cfr.* André Spire, *Plaisir poétique et plaisir musculaire*, Paris: Corti, 1986 (1ª ed., 1949), p. 271.

[10] Michel Collot, *La matière-émotion*, Paris: Presses Universitaires de France, 1997, p. 63.

lector capaz de reconocerlas como índices, un lector capaz de inscribir su cuerpo en el texto de modo que no reconozca ya solamente ritmos, sino también dinamismos. El cuerpo lector funciona pues como interpretante en esta operación de la poética moderna mediante la que el texto lingüístico y legible de un poema se convierte en símbolo de un sentido poético; un sentido poético inscrito previamente en el texto mediante dinamismos, pero que sólo se evidencian si opera el interpretante.

La intervención del cuerpo en la operación poética suscita algunas consideraciones. Entre ellas, la primera deba quizá abordar las reticencias que una concepción aun dualista presentaría frente a una operación poética en la que sólo se nombra al cuerpo y no al pensamiento, aunque ya se ha dicho que el cuerpo es hoy mucho más que fisiología. Es obvio que la lectura de un texto poético no olvida nunca que el texto es, en primera instancia, un conjunto de signos lingüísticos con su significado fijado con fines comunicativos, y que el sentido poético no anula ese significado sino que se establece como proceso interno dentro del sistema convencional de los signos, cuestionándolo y socavándolo desde el interior, con una actividad que cabría llamar «transgresora», pues la transgresión reconoce los límites al mismo tiempo que los sobrepasa. Michel Collot, teórico de la poesía, para describir esta intervención del poeta en el seno del lenguaje comunicativo, recuerda la «chora semiótica» de la que habla Julia Kristeva, «ese espacio en el que el sujeto se engendra mediante el intercambio con el objeto de comunicaciones pre-verbales fundadas sobre la movilización del cuerpo y de la voz»[11], y que se produce en un momento de la infancia anterior al lenguaje. En ese espacio, el niño «manipula y percibe los elementos del lenguaje independientemente de su recorte y de su significación codificados, como una materia sonora portadora de afectos»[12]. El poeta, por su parte, reactiva estos procesos semióticos intensificando los componentes y las relaciones

[11] «[...] cet espace où le sujet s'engendre en échangeant avec l'objet des communications préverbales fondées sur la mobilisation du corps et de la voix», Michel Collot, *La matière-émotion*, *op. cit.*, p. 23.

[12] «L'enfant manipule et perçoit les éléments du langage indépendamment de leur découpe et de leur signification codifiées, comme une matière sonore porteuse d'affects», *ibid.*, p. 23.

del lenguaje «que escapan al funcionamiento semántico, sintáctico y lógico»[13]. Pero lo hace en el seno mismo del lenguaje. De este modo, en términos de Julia Kristeva, lo semiótico trabaja en el interior de lo simbólico (del orden simbólico lacaniano), y no se opone a ello frontalmente desde el exterior. La actividad del pensamiento, sus procesos lógicos, el reconocimiento del lenguaje como sistema comunicativo común, son pues operaciones-marco en el interior de las cuales viene a operar el cuerpo. Para el poeta esta actividad es esencial en el surgimiento del sentido poético, pero también la filosofía refrenda la importancia del cuerpo en los procesos propios del pensamiento.

Numerosos son los filósofos que han rescatado al cuerpo de su exilio fuera del pensamiento –y quizá uno de los recorridos más jugosos de la historia de la filosofía que en este sentido se han hecho es el de Michel Onfray en *El arte de gozar*[14]–. Pero voy sólo a detenerme en una cita de Gilles Deleuze, contemporáneo nuestro, que dice así:

> El cuerpo ya no es el obstáculo que separa al pensamiento de sí mismo, ya no es aquello a lo que el pensamiento necesita sobreponerse para llegar a pensar. Es, muy al contrario, aquello en lo que se sumerge para lograr alcanzar lo impensado, es decir, la vida. No es que el cuerpo piense, sino que, obstinado y cabezota, fuerza a pensar lo que se sustrae al pensamiento: la vida[15].

El cuerpo es pues espacio en el que el pensamiento se sumerge y donde al tiempo toma el impulso que le permite llegar más allá de sí mismo, superarse y aspirar a tocar –a comprender, a abarcar, a explicar– algo que le es heterogéneo y «otro»: la vida; el cuerpo es la vía por la que el pensamiento excede sus propios límites y se abre a su alteridad.

En lo poético –que no aparece sólo en el género de la poesía– el cuerpo y sus modos de conocimiento inscriben sus marcas en el pro-

---

[13] «[...] qui échappent à son fonctionnement sémantique, syntaxique et logique», *ibid.*, p. 24.

[14] Michel Onfray, *L'art de jouir. Pour un matérialisme hédoniste*, Paris: Grasset et Fasquelle, 1991.

[15] «Le corps n'est plus l'obstacle qui sépare la pensée d'elle même, ce qu'elle doit surmonter pour arriver à penser. C'est au contraire ce dans quoi elle plonge ou doit plonger pour atteindre à l'impensé, c'est-à-dire, à la vie. Non pas que le corps pense, mais, obstiné, têtu, il force à penser ce qui se dérobe à la pensée, la vie», Gilles Deleuze, *Cinéma II. L'image-Temps*, Paris: Minuit, p. 246.

pio lenguaje desviándolo de su labor informativa y conduciéndolo
–seduciéndolo– hacia la expresión de saberes y de sentidos que se
crean en el propio proceso de escritura, y que son por ello provisio-
nales, inestables y de naturaleza evanescente. La poesía se crea de esta
manera a sí misma como «pensamiento de un cuerpo»[16]. Y, esta vez,
la fórmula es de un poeta francés, de Bernard Noël. Este «pensamiento de un cuerpo» coincide pues con el pensamiento que, en palabras
de Deleuze, alcanza la vida o lo impensado. La poesía sabría, pues,
pensar lo impensado y la vida, sabría decirlo. En la poesía, el lenguaje
actúa sobre aquello que no tiene extensión física –el pensamiento–
mediante parámetros que corresponden a la vida y a su experiencia
física. De este modo, la poesía propicia una conjunción del hacer y
del decir, una conjunción que es elemento clave de su naturaleza; en
ella el decir es un «hacer», pues así lo manda su origen etimológico
(*poiein*) y así lo refrenda el mito poético del lenguaje. En ese mito
poético del lenguaje, los componentes del mundo surgen individuali-
zados de la masa indistinta de la materia cuando el lenguaje se decide
a nombrarlos (y por tanto a crearlos): el lenguaje hace –crea– lo que
dice. Y es ésta una capacidad performativa que proporciona una ines-
perada encrucijada a la poética y a la pragmática. La pragmática se
ocupa de los actos de lenguaje; como acto, este lenguaje deja huellas,
produce un efecto sobre lo real; el lenguaje poético se halla en similar
coyuntura: su efecto no es sólo un efecto de lenguaje, también tiene
un efecto sobre lo real; la poesía no crea materia, pero crea realidad,
pues recorta la masa de lo existente de otra manera (la percibe, la
piensa, la siente y la crea de otro modo) y así da lugar a nuevas formas
de lo real, efímeras y sólo conceptualizables bajo la fórmula de lenguaje que las está expresando: un concepto tan sutil que no tiene via-
bilidad en el seno del lenguaje extra-poético e informativo. Crear así
realidad es, además, acceder a un tipo de conocimiento que trasciende
a ese otro que recaba consenso y reconocimiento común, es investi-
gar de otro modo la realidad. La poesía es, en este sentido, conocimiento de una realidad «otra».

Si la poesía es «el pensamiento de un cuerpo», la poesía piensa y es
conocimiento de «otra» realidad generada por un lenguaje enraizado

---

[16] Bernard Noël, *Treize cases du je*, Paris: Flammarion, 1975, p. 104.

en el cuerpo. Cierto que, como, dice Michel Onfray, el placer sin encéfalo no podría ser estético[17], y que la sensorialidad y la corporalidad sin encéfalo no podrían producir poesía; pero el encéfalo sin los sentidos y sin el cuerpo tampoco es capaz de producirla, y mucho menos en nuestra modernidad. Pues, como ya sabemos, la poesía no es hoy un discurso de ideas, sentimientos o conceptos transmisibles en exclusiva a través del significado del signo lingüístico, no se define tampoco como discurso sometido a leyes formales fijadas de antemano –métricas, rítmicas, prosódicas, figurales, retóricas–: no es, en suma, un ejercicio de adecuación a un modelo formal pensable o a campos semánticos precisos reconocidos unánimemente como «poéticos». Lo poético es, en nuestra cultura actual, un movimiento del lenguaje relanzado tanto por el significante como por el significado y que engendra un sentido en proceso y provisional para cada lectura. A ese sentido Roland Barthes lo llamó «significancia» (*signifiance*); la «significancia», dijo, es «el sentido en cuanto que es producido de manera sensual»[18]. Producir sentido de manera sensual quiere decir que los sentidos del cuerpo perciben la forma del significante, y quiere decir también que la memoria que guardamos de nuestra percepción sensorial y de nuestro contacto con el mundo permite experimentar como si fuera realidad lo representado en los contenidos del poema. En ambas experiencias –tanto en la que concierne al significado como en la que concierne al significante– es el cuerpo el que indica, selecciona y activa ciertas marcas lingüísticas que poseen sentido aunque no significación. Estas marcas –semas, sememas, morfemas, fonemas– a las que podemos llamar «infrasignos», establecen relaciones entre ellas. Ejemplo de este funcionamiento poético es la metáfora, estado amoroso del lenguaje en el que la atracción entre algunos infrasignos es suficientemente poderosa como para subsumir la heterogeneidad de significación de los signos a los que concierne: en la metáfora, el sentido –un sentido en proceso– es más fuerte que el significado. Otro ejemplo es precisamente la rima, donde los infrasignos –esta vez realmente visuales y auditivos– obligan a los términos com-

---

[17] «Le plaisir sans encéphale ne saurait être esthétique», Michel Onfray, *L'art de jouir…, op. cit.*, p. 191.

[18] «le sens en ce qu'il est produit sensuellement», Roland Barthes, *Le plaisir du texte,* Paris: Seuil, 1973, p. 97.

prometidos a pactar un sentido que implica una cierta infidelidad al significado. Me doy cuenta de que los dos ejemplos elegidos –por ser los más sencillos– remiten a un tipo de poética que pudiera no ser actual, o ni siquiera moderna. Pero la metáfora y la rima pueden ser consideradas codificaciones bien asentadas de entre la multitud de interrelaciones posibles de los infrasignos, interrelaciones que la poesía actual se niega a estabilizar en figura. Por esta vía es quizá posible encontrar un modo de reconciliación entre una poesía sometida a reglas y una poesía liberada de ellas.

La inscripción poética del cuerpo consiste, en suma, en una intervención de lo corporal cifrada en la mediación entre los signos del lenguaje y que, en cierta medida, es sustitutiva de sus relaciones lógicas. Jean-Luc Nancy, el filósofo francés, esboza algo semejante en su reciente libro, titulado *Corpus*; si tenemos en cuenta el hecho de que Nancy utiliza indistintamente los términos «significación» y «sentido», el paralelismo entre lo hasta aquí dicho y lo que él dice en la siguiente cita es reconocible:

> Si hay otra cosa, otro cuerpo de la literatura además de ese cuerpo significado/significante [...] será escritura, pues la «escritura» indica *aquello que se separa de la significación*, y que, precisamente por eso, se *excribe*. La excripción se produce en el juego de un espaciamiento in-significante: aquel que separa a las palabras de su sentido [...] [, es decir, de su significación] y las entrega a su extensión. Si una palabra no se encuentra absolutamente absorbida en el seno de un sentido [en el seno de una significación], queda esencialmente extendida entre las otras palabras, tensada hasta tocarlas, sin por ello unirse a ellas: y esto es el lenguaje en tanto que cuerpo[19].

O, dicho de otro modo, también por Nancy: «[L]a interrupción del sentido [, es decir, la interrupción de la significación] tiene que ver

---

[19] «S'il y a autre chose, un autre corps de la littérature que ce corps signifié/signifiant, [...] il sera écriture, si «l'écriture» indique *cela qui s'écarte de la signification*, et qui, pour cela, *s'excrit*. L'excription se produit dans le jeu d'un espacement in-signifiant: celui qui détache les mots de leur sens [...] et qui les abandonne à leur étendue. Un mot, dès qu'il n'est pas absorbé sans reste dans un sens, reste essentiellement étendu entre les autres mots, tendu à les toucher, sans les rejoindre pourtant: et cela est le langage en tant que *corps*», Jean-Luis Nancy, *Corpus,* Paris: Métailié, 2006 (1ª ed., 2000), p. 63. Hay que tener en cuenta que Nancy no establece distinción entre significación y sentido.

con el cuerpo, es cuerpo»[20]. La «excripción», aquello que se separa de la significación en la escritura, es el sentido poético, un sentido en proceso que lleva la huella de la «inscripción» del cuerpo.

La poesía, que quiso ser don divino y hálito lingüístico creador, que quiso también ser oficio y destreza asalariada, parece que quisiera ser hoy lenguaje en el que se implica la naturaleza corporal del hombre. La poesía quiere ser hoy trasunto de aquello en lo que el hombre más cree, en su naturaleza física; por eso, el hombre –como lo haría un dios– crea poéticamente a su imagen y semejanza.

Cuando un poeta da a uno de sus libros –a una antología, en este caso– el título de *La poesía, ese cuerpo extraño*, no está, a mi modo de ver, proponiendo una metáfora. Olvido García Valdés, su autora, no es, de hecho, una poeta que se deje envolver en la metáfora. El título, con coma incluida –esa coma que nos recuerda a otro título suyo: *Ella, los pájaros*[21]–, está proponiendo una explicitación: la poesía es realmente un cuerpo extraño, es emanación del cuerpo propio y a la vez un cuerpo contiguo, yuxtapuesto al cuerpo que lo escribe: un cuerpo, que –como ya he citado– dice Olvido García Valdés que «forma y no forma parte» del organismo que lo produce. En su prólogo, esta antología explicita tal poética generación, y así, la escritura es «un habla, un hacer, que surge al pensarnos y sentirnos en el mundo»[22]; y en ella «la extrañeza y el sentido proceden de ese trabajo de montaje que nuestra percepción realiza de modo natural»[23]. El cuerpo extraño es cuerpo porque está engendrado por quien percibe y está en el mundo, y por tanto hereda su naturaleza; y es extraño porque su materia y su carne son lenguaje.

Al abrir el libro nos encontramos con un poema que abrió también el poemario después publicado con el título *Y todos estábamos vivos*[24], poemario al que me voy a referir fundamentalmente a partir de ahora. El poema es éste:

---

[20] «[L']interruption du sens, elle a à faire avec le corps, elle est corps», *ibid.*, p. 112.

[21] Soria: Ediciones de la Diputación Provincial de Soria, 1994.

[22] Olvido García Valdés, *La poesía, ese cuerpo extraño, op. cit.*, p. 11.

[23] *Ibid.*, pp. 14-15.

[24] Olvido García Valdés, *Y todos estábamos vivos*, Barcelona: Tusquets Editores, 2006.

oye batir la sangre en el oído
reloj de los rincones interiores
topo que trabaja galerías, gorrión
que corre ramas
desnudas del tubo del ciprés

                      no sabe
cómo de cálido es el manto
de la tierra, cómo bordea o mueve
piedrecillas, si en lugar más espacioso
la madre amamanta topillos de la nueva
camada, ciegos olisqueando, cuál
la temperatura
del hocico, de la ubre
ni cuánto tardan pétalos, hoja
rizada del roble en ser materia
del manto, cuánto hueso
de carnero o cuervo o plumas
en empastarse e ir bajando cubiertos
de otro otoño, nuevo corte
de gente, mantillo, manto, maternidad

                          desde
dónde, Perséfone, lo mira
lo contempla
en su corazón sintiendo cómo late
la sangre en el oído

Este poema nombra a un cuerpo y lo hace en su oír, en su mirar, en su latir. Olvido García Valdés suele nombrar el cuerpo en sus poemas, pero nombrar el cuerpo no siempre es garantía de intervención del cuerpo en la operación poética. Habrá de ocurrir que, además de ser nombrado, el cuerpo diga. Si el cuerpo se inscribe y además se desdobla en presencia temática explícita, la labor de lectura poética de su decir recibe un respaldo considerable.

El poema dice un nombre también, Perséfone, una diosa con cuerpo humano. Y parece decir, unidos el principio y el final del poema, que es ella quien oye, quien mira y cuyo corazón late. Perséfone escucha su sangre y mira hacia la naturaleza: animales, árboles, vegetación. No sabe qué ocurre en la naturaleza, no sabe cuándo ha de ocurrir algo. Está esperando.

Dice el mito que Perséfone, hija de Deméter, fue un día raptada por Hades, que la llevó consigo al inframundo. Su madre, desesperada, la buscaba sin hallarla, hasta que Zeus, su padre, decidió obligar a Hades a liberarla. Hades puso una condición: que Perséfone no probara bocado en su camino de vuelta al mundo; la condición fue aceptada y Perséfone emprendió viaje, pero Hades consiguió engañarla y que comiera semillas de una granada. Unas leyendas dicen que comió cuatro, otras que seis, y en otro poema de este libro de Olvido García Valdés son siete semillas las que dice lleva guardadas en un bolso en el que todo pesa. Bien le pesó a Perséfone: en adelante, habría de volver a los infiernos tantos meses al año como semillas comidas. Durante esos periodos, la tierra, es decir, Deméter, su madre, quedaba desolada, estéril, sin vegetación ni vida. Sólo volvía a florecer cuando Perséfone regresaba. A regresar la llama el último poema de este libro titulado *Y todos estábamos vivos*; y le dice así:

> Diré tu nombre para traerte, vendrás
> por la raíz, por el humor
> del tronco, por los círculos
> de tus años, por las hojas
> vendrás al cimbrearse
> altos los que hablan de ti.

Y una página antes le instaba de esta manera:

> Renueva ahora los brotes, envía
> primero la amapola a los caminos,
> que el chopo tome fuerza y el álamo,
> el almendro. Anuncia del trigo las espigas
> azules, la crespa hoja del roble, acoge
> como tuyas las alas de esos árboles cipreses
> que te saludan pajarazos.

Mira pues Perséfone la tierra y está contemplando a su madre. *La contempla en su corazón*, es decir, ve la imagen que juntos construyen el afecto y el latido: «l[a] contempla / en su corazón sintiendo cómo late / la sangre en el oído». Del oído viene la imagen.

Oye batir su sangre y la sangre de su madre-tierra que es su misma sangre, sangre de su sangre; y lo que oye es un ritmo: un ritmo interior de sangre, un reloj. Y el reloj dibuja una imagen que es círculo, espacio cerrado, vientre o rincón interior. Ese círculo, ese ciclo, ese tiempo cíclico y ritmado la hará volver en primavera, la hará volver «por los círculos de [los] años», como dice el poema final del libro. Y el círculo tomará forma de anillo en otro poema, avanzado el libro, y donde leo:

> Miro tu anillo, niña, como forma
> en tu dedo de lo que fui, tiempo
> de lento crecimiento –muerte
> y dulzura los campos, verde
> neutro–. Verdor de alegría
> agria. Vida que sólo y sólo
> mirando se llega a ver. La
> forma, Rosalía, de la muerte.

Perséfone, cuyo nombre en griego antiguo señala a «la que lleva la muerte», es también ese tiempo yermo, la forma de la muerte. Perséfone no sabe cuándo «girará el año», dice otro poema. Pero sabe que la vida sólo mirando se llega a ver. Y otro poema más dice así: «si se ignora en qué sentido / giran las agujas, se abre abrupto el hueco, sume los ojos el caracol». Mira pues Perséfone la tierra en su corazón y la imagen viene del rítmico y cíclico latido. Así se ahorma en rincones interiores, en espacio cerrado, en vientre de tierra donde trabaja el topo. Vientre de madre en que se hunde la nostalgia, interior germinativo y nutricio en el que la maternidad «amamanta topillos de la nueva / camada». Mamar es acto –cuenta Pascal Quignard– en el que los labios adoptan la misma forma que al pronunciar la palabra «amor»: quien mama ama, la boca pronuncia el amor, y así la palabra amor tiene esta corpórea etimología: ama, mama. La «madre amamanta topillos de la nueva / camada», topillos que son una «cama amada»: suena el amor en las palabras, suena la nostalgia materna, suena la sangre de su sangre, bate la sangre rítmicamente en el poema y se oye también en la palabra «manto»: «amamanta», «camada», «manto», «mantillo» «maternidad». «Manto»: esta palabra amamanta verdaderamente al poema y lo recubre, pues tres veces viene a presentarse a lo largo de sus versos. Así oye Perséfone batir la sangre en el oído: con un ritmo que es sonido de amor, que es sonido de madre, que es sonido de labios y de lengua: las palabras aman y maman.

«Manto» es también sonido de madre porque es el «manto / de la tierra», manto de la tierra-madre Deméter. Y es manto necesario para encontrar abrigo de este otoño-invierno que deja «ramas / desnudas en el tubo del ciprés» mientras Perséfone permanece en su exilio. No sabe Perséfone «cómo de cálido es el manto / de la tierra», un manto que no tiene calor en sí mismo, pero que lo da, que sirve para estar bien, como dice otro poema:

> Estar bien, temperatura que toma
> como pauta la fría y húmeda
> de la tierra, del humus
> o mantillo; consiste en caldear
> la casa hasta que el frío
> en las paredes de piedra y tierra y cal
> retroceda [...]
> el bienestar consiste en no sentir, y sentirse
> de ese modo bien.

La salud no se siente, pues es «vida en el silencio de los órganos», según dice la célebre fórmula del cirujano de principios de siglo René Leriche. Pero Perséfone está «sintiendo cómo late / la sangre en el oído», y ese sonido de nostalgia materna significa que no se siente bien. No sabe cómo de cálido es el manto, y por tanto no puede tomarlo como pauta de la temperatura del bienestar, del estar bien; y así pues no conoce tampoco la temperatura de lo materno, «la temperatura / del hocico, de la ubre», esa temperatura añorada.

Desde su frío inframundo, Perséfone añora el manto, y por eso trata de ver cómo se extiende en el poema el manto de la tierra, manto que es también mantillo, esa capa del suelo formada por descomposición de materias orgánicas. Y Perséfone mira y oye caer en latidos una tras otra esas materias que el poema enuncia como desgajadas de la vida, aisladas en un heteróclito muestrario que la sintaxis es remisa a articular: «pétalos, hoja / rizada del roble, [...] / [...] hueso / de carnero o cuervo o plumas». No sabe Perséfone cuánto tardarán en empastarse, en hacer manto, pero oye en el oído la sangre, que es su sangre y sangre de la tierra-madre, y en su latido oye el proceso de tejido del manto, el bullir de la materia de la tierra, su movimiento de descomposición, su podredumbre. El latido, acelerado por el ansia de la nostalgia y del no saber, se atropella en el oído; y es esta aglomeración la que atrae la imagen en la que la materia se altera.

En un texto reciente, escribía Olvido García Valdés: «Fermento, fertilidad: inflamación de las mucosas, algo ominoso que se cierne, sustancias inflamables –alcoholes, gases, putrefacción–»[25]. Oculta este manto una operación de vientre –fermento y fertilidad– que es propiamente la del mantillo: en ella se engendrará la primavera, pero se engendrará desde la corrupción secreta de lo que perece: «la vida se adhiere al intestino», leemos en otro poema. Perséfone, la que con sus estancias cíclicas en el inframundo siembra la muerte, también es semilla de vida. De Perséfone deriva la fertilidad de su madre. Quizá por eso, en algunas leyendas, era frecuente referirse a Perséfone y a Deméter como aspectos de una misma diosa.

Lo que fermenta, lo podrido, lo putrefacto –lo podre, en el vocabulario asturiano de Olvido García Valdés– es presencia continua a lo largo de toda su obra poética. Sirva este poema de su libro *Del ojo al hueso*[26] para contar lo que este estado de la materia genera:

> Dobla su cabo el año,
> mecanismo del que brotaran al girar
> grumos en ramas, materia
> amarillenta envuelta en sí,
> verdecidos gusanos diminutos.
> Abajo, farolillos de flores, fiesta
> del aire. Corresponde
> al hueco del estómago esta luz,
> la cadena en que la muerte bulle,
> fiesta
> larvada donde la vida prolifera.

Larvas y gusanos son convocados también por este libro, *Y todos estábamos vivos*: «estos grumos, estos gusanos / pura luz de tan verdes», dice un poema. Y el penúltimo del poemario, esa exhortación a Perséfone y a la tierra-madre para que traigan la primavera, precisa lo

---

[25] «Palabras para Gamoneda», *Minerva*, IV Época 04, 2007, Madrid, Círculo de Bellas Artes, p. 19.
[26] Barcelona: Ave del Paraíso, 2001.

siguiente: «Envía dulce la amapola, y gusanos / de agua recorran sibilosos / los campos».

Bulle la materia en el mantillo, y es bullicio de sangre en el oído de Perséfone, es bullicio de «elles» en el poema, diminutas pompas que estallan en diminutivos: «piedrecillas», «topillos», «mantillo». Y el bullir, que surge indeciso en su parentesco con la muerte o con la vida, terminará siempre al final por ser vida: habrá, páginas más adelante, «pájaros que bullen y amanece», pájaros que son un comienzo de vida aún no desgajado de su origen, en el que bulle la muerte. Y viene de pronto el título de un anterior libro de poemas de la poeta a dejar oír este origen: *ella, los pájaros*[27]; escúchese también: «elle», los pájaros; escúchese cómo la existencia de los pájaros se deduce de ese nido bullente.

Hay pájaros en la obra de Olvido para todos los momentos de la vida, de la muerte y sus sonidos. Hay pájaros también para ese vientre que no sólo bulle, que también se pudre y fermenta; sus pájaros cantan también con sonidos de muerte roncos o ahogados, casi estertores, como grajos –por ejemplo– de los que un poema de nuestro libro dice: «son sobre todo alas / más negras en el cielo guturales volando / (del vientre brota esa carraspera)». Así, quizá también oye Perséfone al «gorrión / que corre ramas» pasar rodando «erres» sobre el poema. Y este diminuto rugido de vientre vuelve a oírse otra vez en el vientre-mantillo en que fermentan con violencia envolvente las materias: «hoja rizada del roble», «hueso de carnero o cuervo».

En estos interiores de fermentación, los gases dejan poco espacio al aire. Por eso, en este poema, late la sangre con bullicio, se respira entrecortadamente, como esos topillos del interior de la tierra que olisquean; y se respira entrecortadamente sobre todo hacia el final, a partir de ese «nuevo corte» que precipita comas en la escritura. Como si viniera desde el poemario *Del ojo al hueso* una «perdida elasticidad de pulmón». Sólo hay un pájaro vivo, un gorrión, para representar a esas avecillas que son respiración: «avecillas / siempre tan ligeras / mi pecho herido», leo en un poema. No hay apenas vida aeróbica en esta naturaleza. La respiración y el movimiento del músculo casi no tie-

---

[27] Soria: Excma. Diputación de Soria, 1994.

nen presencia. Poco se ejercita lo que otro poema llama «la levedad empática de pulmones y músculos». Sólo el gorrión, pulmón y pluma, sobrevive en esta tierra casi inerte. Un gorrión al que parecen retratar esos versos de otro lugar del libro:

> un muelle, un resorte, un toque
> reflejo de músculo, pajarillo
> en la rama invernal, negro
> balancín mecánico, vivo.

Esto es el gorrión: un hálito que recorre a saltitos el hueso de un árbol, el frágil recuerdo del músculo que envolviera al hueso, el frágil recuerdo de la respiración de las hojas que dilataran al árbol.

Éste es el paisaje corporal de la tierra-madre que Perséfone contempla en su corazón: un manto que es piel sobre hueso; un hueso donde apenas vibra el recuerdo del músculo y la respiración; un manto que recubre un vientre donde la muerte trabaja en fermentaciones. El cuerpo invernal de la naturaleza semeja un cadáver. Es el de su madre, y también es el suyo propio pues lo contempla en su corazón. Ciega, como los topos, sumida en su inframundo, lo contempla en su corazón. Ya no hay, en este poema, trayecto del ojo al hueso; la interiorización es más radical: el ojo se ha adherido a la víscera; y en esa oscuridad, su visión es poética: el ojo crea lo que le dictan los ritmos del latido de la sangre.

No sólo el ojo será dócil a los dictados de la sangre. La sangre, ya sabemos lo que dicta: ama, amamanta, camada, manto, mantillo, maternidad. El dictado para Perséfone es de fertilidad, es el de un «nuevo corte / de gente» que sea una nueva camada, una nueva cosecha. Fértil será pues su vuelta a la vida, fértil para la tierra-madre, que es su madre y que también es ella misma, pues Perséfone, en las leyendas, es a la vez hija de Deméter y la propia Deméter en su juventud. *Y todos estábamos vivos* es título y es expresión con que la tierra celebra la vuelta de Perséfone desde el inframundo. «Y todos estábamos vivos» bien pudiera ser canto entonado por los oficiantes de los misterios eleusinos, que celebraban en la Antigua Grecia el regreso de Perséfone y de la primavera.

Hay un poema en el libro que parece contar lo que a Perséfone le ocurre en éste. Dice así:

> La muerte florece una vez, la flor
> de la muerte pide otro cuidado, como hilo
> de voz. Sustancia del afecto
> se entreteje leve o retirada
> a la muerte la voz.

Retirada a la muerte la voz: sumida en un inframundo donde sólo es posible oírla como latido de sangre; como fluido de sangre o sustancia de afecto se oye este hilo de voz que llama a la muerte a florecer. La flor de la muerte pide ese cuidado: es necesario que la voz pase por la sustancia del afecto, por la sangre.

El mito del renacimiento de la tierra cada año tiene, en la leyenda de Perséfone y Deméter, una lectura que podría constituir en sí misma una poética: una poética del cuerpo. En tal poética, el lenguaje efectuaría su propio viaje órfico: descendería al inframundo corporal donde perdería su carácter convencionalmente significativo, donde sufriría una muerte como signo de comunicación. El lenguaje adquiriría en ese infierno de la carne los modos que la naturaleza de ésta tiene para su funcionamiento, y resurgiría este lenguaje después al mundo cargado de una mirada y una escucha, de un sentido, extraños, inquietantes, pavorosos. Como pavorosa es la mirada de Perséfone en los misterios eleusinos. La regeneración del lenguaje poético es un viaje iniciático de ida y vuelta al misterio de nuestro cuerpo. El lenguaje poético es la manera que los hombres tenemos de comprender nuestra carne, de comprender la muerte con que la carne amenaza, la muerte que ella significa. El lenguaje poético es la manera no de revertir la muerte, pero sí de incorporarla como proceso a la vida.

Olvido García Valdés ha esparcido en este poemario los gestos de una operación poética corporal que Perséfone encarna y que servirá de cierre a lo hasta aquí dicho. Pero aún hay en el libro otro poema que enuncia esta poética corporal. Habla de una inquietud que surge entre lo literal y lo no evidente, de un contacto con la carne y la muerte, de un lenguaje al que lo carnal desordena, concentra, apacienta o dispersa produciendo y negando su sentido. Ésta es su palabra:

> Entre lo literal de lo que ve
> y escucha, y otro lugar no evidente
> abre su ojo la inquietud. Al lado,
> mano pálida de quien convive
> con la muerte, cráneo hirsuto. Atendemos

a la oquedad, máscaras que una boca
elabora; distanciada y carnal,
mueve el discurso, lo expande
y desordena, lo concentra, lo apacienta
o dispersa como el lobo a sus corderos.
[...]
Todo sentido visible, todo
lo visible produce y niega su sentido.
Si respiras en la madrugada, si ves
cómo vuelven imágenes, contémplalas
venir, apaciéntalas, deja que estalle
la inquietud como corderos.

# Hacia una poética del espacio. Espacios poéticos en *Tinta preta* de Eloísa Otero

*Gonzalo Abril*

Puesto que nos hemos propuesto un doble punto de partida: la teoría y la lectura de textos poéticos, comenzaré por una breve introducción teórica, y luego presentaré algunos atisbos de lectura del libro *Tinta Preta*, de la poeta leonesa Eloísa Otero[1]. Mi deseo hubiera sido mantener mucho más próximas y entrelazadas las consideraciones teóricas generales y las observaciones particulares surgidas del propio proceso de lectura, pero he visto dificultades para acatar ese método sin violentar el sentido de los versos de Otero, subordinándolos en exceso a una ilustración oportunista de enunciados teóricos externos a su propio pensamiento poético.

La introducción teórica será muy ligera, a modo de un conjunto de catas, en el doble sentido de la prospección geológica y de la prueba enológica: muestrear un terreno y degustar un sabor, anticipando el saber y el placer mayores que podrían derivarse de profundizar en cada una de las perspectivas. En todo caso, catas y perspectivas que se orientan a explorar el espacio de lo poético al mismo tiempo que la poética del espacio.

## Perspectivas teóricas

Serán cuatro las que presentaré sumariamente:

1) La primera de ellas toma en cuenta los problemas de espacio y de la espacialidad desde su significado más general para la cultura y

---

[1] Eloísa Otero, *Tinta preta,* León: Instituto Leonés de Cultura, 1999.

para la semiosis, para los procesos de sentido. Aquí el autor de referencia es el teórico ruso Iuri Lotman: a él se debe el concepto de *semiosfera*, que representa el conjunto de los significados, de los textos, de los repertorios de signos y de las traducciones de unos signos a otros que constituyen el múltiple ecosistema en que se desarrolla la vida humana como existencia de seres semióticos. Hay que observar que este concepto clave de la *semiótica de la cultura* de Lotman es un concepto espacial: el de un ámbito o continente esferoide, concebido según el mismo esquema metafórico que la «biosfera». Lotman defiende que toda cultura se construye sobre los que él mismo llama dos «lenguajes primarios»: la lengua natural y el espacio. Toda representación cultural (todo «cuadro del mundo», dice Lotman) recibe inevitablemente rasgos de una caracterización espacial, y ésta es una especie de universal antropológico. Además esas formas de caracterización espacial pueden actuar también como metalenguajes para la descripción de los textos culturales. Se trata de rasgos o formas como: arriba/abajo, izquierdo/derecho, de este lado de una frontera/del otro, incluyente/excluyente, central/periférico, etc. Y también, claro está, de conceptos topológicos que algunas veces se relacionan con movimientos, trayectorias, y por tanto con el espacio y el tiempo a la vez[2]. La perspectiva de Lotman tiene concomitancias ciertas con la que comentaré en segundo lugar, pero también con las teorías de la narración de Bajtín. Por ejemplo, Lotman distingue a los héroes narrativos que tienen trayectoria, es decir, que se desplazan (Odiseo, Orfeo, Don Quijote, Gil Blas…) de aquellos otros que están fijados en el espacio a una esfera mágica, geográfica o social dada[3].

2) La segunda perspectiva se atiene a las experiencias y a las representaciones espaciales desde un punto de vista lingüístico y cognitivo. Los autores paradigmáticos de esta corriente teórica son dos estudiosos norteamericanos: la idea fundamental de Lakoff y Johnson[4] es que las metáforas no son artificios puramente formales

---

[2] Iuri M. Lotman, *La semiosfera, II. Semiótica de la cultura, del texto, de la conducta y del espacio*, Madrid: Cátedra/Universidad de Valencia, 1998, p. 98.

[3] *Ibid.*, p. 100.

[4] George Lakoff y Mark Johnson, *Metáforas de la vida cotidiana*, Madrid: Cátedra, 1986.

o retóricos, sino procedimientos que permiten estructurar el lenguaje y sus conceptos, que tienen por tanto un valor cognitivo fundamental.

Un antecedente filosófico de este punto de vista podría hallarse en Nietzsche[5], para quien no existe un funcionamiento «no retórico» del lenguaje, puesto que lo que solemos llamar «retórica» remite ni más ni menos que al conjunto del aparato normativo y conceptual del lenguaje, a la gramática y al pensamiento. De modo que el «sentido propio» (versus figurado, derivado o tropológico), junto a la verdad misma a la que solía dar abrigo, se convierte en problemático, él sí secundario y artificioso, entregado a los vértigos de la interpretación y de las fuerzas, restricciones e intereses que la gobiernan. Pero aquí ya estamos fuera del marco teórico de Lakoff y Johnson. Para éstos, el modo en que organizamos metafóricamente nuestro conocimiento, categorías y estructuras lingüísticas se fundamenta en experiencias primordiales del mundo, en esquemas o configuraciones experienciales primarias, como las de ingerir o expulsar, girar en torno a algo o enfrentarnos a alguien. Hay tres dimensiones básicas de la experiencia humana: la relación con el propio cuerpo, la interacción con el mundo físico y la interacción con los demás sujetos. En el nivel metafórico del lenguaje común −en el que nos servimos de metáforas «ontológicas», «orientacionales» y «estructurales»− se establecen redes conceptuales básicas, que por así decir anteceden a los usos semióticos de la poesía, la filosofía o la ciencia. La praxis semiótica particular que se da en esos discursos tiene el sustento común de las metáforas cotidianas, las metáforas «por las que vivimos», como dice el título en inglés del libro de Lakoff y Johnson.

En este marco teórico las metáforas espaciales desempeñan un papel sumamente importante. Por ejemplo, organizamos nuestras representaciones del tiempo por medio de conceptos espaciales, y así decimos del futuro que está delante de nosotros, y del pasado que se encuentra detrás. Muchas representaciones cognitivas o morales ponen en juego los esquemas básicos de continente/contenido, alto/bajo, dentro/fuera, etc.

[5] Friedrich Nietzsche, *Escritos sobre retórica* (trad. de Luis Enrique de Santiago Guervós), Madrid: Trotta, 2000.

3) La tercera perspectiva se ha orientado a la organización del espacio en relación con el tiempo y la subjetividad, dentro de los procesos discursivos, y su precursor indiscutible es el lingüista francés Émile Benveniste. En un artículo de gran importancia para la historia de la lingüística moderna, «El aparato formal de la enunciación»[6], Benveniste trató del discurso como la movilización o la efectuación de la lengua, y de la enunciación como el acto de producir un enunciado: gracias a la enunciación es posible la comunicación del locutor con otros locutores y también la apropiación de la lengua por parte de cada uno de ellos. Pues bien, el «aparato formal» de esas operaciones está constituido por el conjunto de las formas lingüísticas que indican temporalidad, espacialidad y subjetividad, y que encuentran su concreción más inmediata en el triplete: yo-aquí-ahora. Si Kant[7] había definido el tiempo y el espacio como condiciones trascendentales de toda experiencia posible, Benveniste entiende las formas lingüísticas de la espacialidad, la temporalidad y la subjetividad como condiciones de posibilidad de todo discurso y de su capacidad de regular las relaciones intersubjetivas.

4) Y por último, recordaré la perspectiva de otro gran teórico ruso del siglo XX, Mijaíl Bajtín, que en los trabajos agrupados bajo el título de *Teoría y estética de la Novela*[8], escritos entre los años veinte y treinta, propuso la categoría de *cronotopo* como un concepto relevante para el análisis de las estructuras novelescas y, más en general, para la narratología, pues permite analizar conjuntamente las representaciones del tiempo y el espacio en el relato literario, pero puede ser extrapolado, siguiendo su propia definición, a toda «conexión esencial de relaciones temporales y espaciales asimiladas artísticamente». El cronotopo juega un papel importante en la determinación de los géneros y los subgéneros narrativos, y tiene valor figurativo, al dotar al tiempo-espacio de un carácter concreto y sensible, el carácter de una imagen, de una *descripción*.

---

[6] Émile Benveniste, «El aparato formal de la enunciación», en *Problemas de lingüística general, II* (ed. de Juan Almela), México: Siglo XXI, 1977, pp. 82-91.

[7] Immanuel Kant, *Crítica de la razón pura, I. Estética trascendental y analítica trascendental*, Buenos Aires: Losada, 1970.

[8] Mijaíl Bajtín, *Teoría y estética de la novela* (trad. de Helena S. Kriúkova y Vicente Cazcarra), Taurus: Madrid, 1989.

Hay que observar que el modo de discurso al que llamamos descriptivo supone sobre todo operaciones de *espacialización*, es decir, el disponer objetos o imágenes en un escenario espacial. La descripción representa el resultado de una *actividad perceptiva*[9] que necesariamente remite a un *agente enunciativo* del discurso: personaje, narrador o sujeto de la enunciación que se manifiesta en tanto que parece ver (u oír, oler o tocar, en según qué discursos) los objetos en cierto orden y según los movimientos virtuales de su atención, de su imaginación y de sus inclinaciones. Todo sujeto que describe es un sujeto cognitivo, estético y moral, que además está quieto o se mueve, adopta un punto de vista propio o ajeno, particular o totalizador, se esconde o se hace visible al describir.

Por eso, y volvemos a Bajtín, el cronotopo interviene en la conformación de la «imagen humana» en la literatura: una configuración cronotópica adquiere siempre un significado emotivo y valorativo, que es el centro de la organización temática del relato. Bajtín identifica algunos cronotopos históricos: en la novela antigua, el camino y los encuentros que en él se producen; en la novela gótica, el castillo; en las novelas de Stendhal y Balzac, el salón-recibidor; en otras novelas del XIX, la ciudad provinciana; en Dostoievski, el umbral. Nuevas versiones de algunos de estos viejos cronotopos pueden reconocerse fácilmente en los relatos masivos contemporáneos: el camino y sus azarosos encuentros, en las *road movies*. El salón-recibidor burgués es sustituido por el tresillo en el espacio centrípeto del salón-estar en gran parte de las telecomedias familiares y *sitcoms*, etc.

En fin, se pueden cotejar estas cuatro perspectivas teóricas y hacerlas complementarias. Por ejemplo, la imagen cronotópica del camino remite a rasgos espaciales de aquellos que Lotman considera culturalmente fundamentales: linealidad, trayectoria, acercamiento y alejamiento. Lakoff y Johnson dirían que es una metáfora estructural que nos permite dar coherencia a numerosas representaciones: la vida, el amor o el desarrollo profesional se conciben y nombran en el lenguaje cotidiano como caminos. Benveniste añadiría que la imagen del camino permite estructurar un aquí y un allá, un ahora y un antes o un después, sin los cuales no es posible un «discurso del camino». Y

---

[9] Oswald Ducrot y Jean-Marie Schaeffer, *Nouveau dictionnaire encyclopédique des sciences du langage*, Paris: Seuil, 1995, p. 714.

Bajtín, por fin, subrayaría que formas muy diversas de narración tienen en común el cronotopo del camino asociado a ciertas temporalidades y a determinadas expresiones subjetivas: la del aventurero, la de quien busca su identidad o huye de sí mismo, la de quien baja a los infiernos...

Y junto a estas perspectivas habría que recordar, al menos, otra obra importante del pensamiento del siglo XX: la *Poética del espacio* del pensador francés Gaston Bachelard[10], que en los años cincuenta propuso lo que él mismo llamó una exploración fenomenológica de la imagen poética, aunque limitada en este libro a las imágenes «felices» de la casa, el cajón, el armario, el nido, etc. Y también a la relación del espacio con la experiencia de la intimidad.

El discurso poético, en la medida en que tan frecuentemente explora todo ese conjunto de posibilidades simbólicas, metafóricas, expresivas, está siempre comprometido con la experiencia y el significado del espacio. Ahora bien –y si aceptamos la tesis de Carlos Piera de que en el discurso poético se ejercita sobre todo la contrariedad, las «contrariedades del sujeto», o incluso, como cita de García Lorca, que «la luz del poeta es la contradicción»[11]– hallaremos que la poesía no explora sólo el significado de lo próximo y lo lejano, sino más bien su confusión o su indeterminación; no sólo el sentido de lo interior y lo exterior, sino la transformación recíproca del adentro en afuera y viceversa; no sólo la diferencia entre continente y contenido, sino su mutua sustitución. Hallamos un hermoso ejemplo de ello en estos versos de Antonio Machado con los que Eloísa Otero encabezaba uno de sus poemas recientes: «Mirar lo que está lejos / dentro del alma», es decir, atender a lo exterior y alejado en lo íntimo y supuestamente próximo. Un movimiento espacial semejante al que proponía de forma igualmente paradójica Walter Benjamin[12] cuando definía el aura de la obra de arte clásica como el aparecer único de una lejanía, por cercana que aquella pueda estar, es decir, la percepción de lo

---

[10] Gaston Bachelard, *La poética del espacio* (trad. de Ernestina de Champourcin), México: Fondo de Cultura Económica, 1975.

[11] Carlos Piera, *Contrariedades del sujeto*, Madrid: La Balsa de la Medusa/Antonio Machado Libros, 1993.

[12] Walter Benjamin, *La obra de arte en la época de su reproductibilidad técnica (Urtext)*, Madrid: Ítaca, 2003.

lejano en lo cercano. Lotman[13] escribió que «en el mundo artístico el "otro" es siempre "propio", pero al mismo tiempo, lo "propio" es siempre "otro", y el poeta Henri Michaux define lo que él llama "el verdadero espacio" como "ese horrible adentro-afuera"»[14].

Ahora bien, el texto poético no sólo explora el espacio y sus representaciones. El texto mismo es, o puede ser entendido, espacialmente. Hace ya muchos años que Kristeva afirmó: «el texto literario [nosotros precisamos: el texto "poético"] es una "red de conexiones"»[15]. Que naturalmente exceden cualquier intento de delimitación en un recinto cerrado, y mucho menos el que pudiera imponer la propia autoconciencia literaria del autor. Entender espacialmente el texto poético no significa tomarlo como un territorio bloqueado, sino más bien como una topología, un tejido de lugares. Ése es precisamente el sentido etimológico de «texto».

## *TINTA PRETA*, EL TÍTULO, LAS PARTES

Pero atendamos ya a Eloísa Otero, de cuyos textos nos ocupamos a partir de ahora, manteniendo el eje temático del espacio, sus funciones y sus representaciones en el discurso poético.

Hasta el momento actual, Otero ha publicado dos poemarios: *Cartas celtas*[16] y *Tinta preta*. En el título de *Tinta preta* se produce, puesto que hablamos de espacios, una interesante duplicación del *locus idiomático*: parece tratarse de un título bilingüe, con sustantivo castellano y adjetivo portugués, y por tanto se sugiere una doble coiné lingüística y de escritura. He de mencionar aquí la proximidad existencial y literaria de la autora a la región galaico-portuguesa (tradujo, junto a Manuel Outeiriño, *Con pólvora y magnolias* de Méndez Ferrín[17], y sus *Cartas celtas* evocaban una época vivida en Galicia). El

---

[13] Iuri M. Lotman, *Cultura y explosión. Lo previsible y lo imprevisible en los procesos de cambio social* (trad. de Delfina Muschietti), Barcelona: Gedisa, 1999, p. 163.

[14] Citado en: Gaston Bachelard, *La poética del espacio, op. cit.*

[15] Julia Kristeva, *Séméiotiké. Recherches pour une Sémanalyse.* Paris: Seuil, 1969.

[16] Eloísa Otero, *Cartas celtas*, León: Instituto Leonés de Cultura, 1995.

[17] Xosé Luis Méndez Ferrín, *Con pólvora y magnolias* (trad. de Eloísa Otero y Manuel Outeiriño), Madrid: Hiperión, 1994.

bilingüismo –o quizá sería mejor decir, con Bajtín, la «heteroglosia»– remite a un aquí geográfico distinto del allá presupuesto por la (comunidad/territorio de hablantes de la) lengua castellana. Es así notable que la elección y mixtura de términos idiomáticamente heterogéneos puede interpretarse desde el efecto discursivo de una deixis espacial, del señalamiento de un escenario escindido de interlocución: yo-aquí/tu-allí.

La coiné, la comunidad en principio territorializada del idioma, es un espacio de palabra determinante: no sólo supone un vínculo esencial entre la lengua, el territorio geográfico y la comunidad hablante, sino que va siempre más allá de la mera identidad idiomática, para confundirse con el ámbito en el que una sociedad humana se ordena simbólicamente, a través de categorías, representaciones, relatos e imaginarios comunes, donde la denominación y la predicación se ven particularmente definidas. Un hermoso ejemplo narrado por José Luis Pardo viene al caso:

> En su viaje al mundo de los muertos, Ulises recibe un consejo de Tiresias para su regreso a Ítaca: ha de echarse al hombro un remo y caminar tierra adentro; a todo el que se encuentre debe preguntarle: «¿Qué es esto que llevo al hombro?». Mientras le contesten que es un remo, debe seguir caminando. Pero el día en que, a su pregunta, alguien responda: «Es una pala para sacar el pan del horno», su viaje habrá terminado[18].

La correspondencia entre espacio de palabra, espacio cultural y universo de prácticas sociales encuentra asimismo conceptualizaciones políticas muy tempranas: el decreto, el acto normativo, instituye territorialidad y (porque) la presupone, ya que proviene de *dis-cerno*, de un acto de deslindamiento espacial. Incluso, según analiza García Bacca, la significación de *juramento (órkos)* entre los griegos primitivos remitía al compromiso de no pasar un cerco, una valla, y «perjurar» no significaba otra cosa que pro-pasarse, saltarse un límite[19].

---

[18] José Luis Pardo, «Crear de la nada: ensayo sobre la falta de oficio», en Gonzalo Abril *et al.*, *Los rascacielos de marfil. Creación e innovación en la sociedad contemporánea*, Madrid: Lengua de Trapo/Escuela Contemporánea de Humanidades, 2006, p. 26.

[19] Juan David García Bacca, «Notas» a *Los Presocráticos*, México: Fondo de Cultura Económica, 1978, p. 179.

«Preta» significa negra en portugués, pero no en el castellano actual (sólo ha pervivido, quizá como arcaísmo, una hermosa acepción derivada que leo en el *Diccionario* de José Alemany de 1939: «pretor», de «pireto», negro: la «negrura de las aguas en los sitios donde abundan los atunes»). Pero en el *Tesoro* de Covarrubias la primera acepción de «prieto» es: «color que tira a negra». En Toledo «dizen uvas prietas por negras». Sólo en la última línea de la voz se puede leer que «prieto se toma algunas vezes por apretado, del verbo premo, is»[20].

Amelia Gamoneda quiere oír, precisamente, la acepción «tinta apretada», sugiriendo la cercanía de los polos imantados, apretados en correspondencia, ya que el título de la primera sección del libro, «Calamita (piedra imán)» evoca justamente la imagen de la atracción magnética[21].

El diccionario de gallego de la editorial Galaxia (Vigo, 1975) registra la acepción «perto» (cerca, junto a) acaso como un sinónimo establecido por metátesis o etimología popular de «preto» (apretado). Y por cierto, la proximidad de los términos idiomáticamente diversos, tinta y preta, se acentúa por la proximidad prosódica (ambos bisílabos troqueos) y la homofonía «ta» (*homotéleuton*, final con sílaba homófona, un tipo de homofonía que no llega a rima[22]).

No dejaré de lado otra posible interpretación del título: la repetición fónica y métrica podrían motivar también una sintáctico-semántica, en el sentido de interpretar *Tinta preta* como un doble adjetivo: «tinta» = de color rojo oscuro, y «preta» = negra. La mixtura del rojo y del negro, dos cualidades cromáticas cuya irradiación simbólica es tan prolija, podría aparecer connotada.

Y, por último, *Tinta preta* podría leerse también como sinónima del título de la última sección del libro: «Tinta china», que viene precedida por otras tres: «Calamita (piedra imán)», «Amigos de sal» y «Escritura subterránea».

---

[20] Sebastián de Covarrubias, *Tesoro de la lengua castellana o española*, Barcelona: Ad Litteram, 1998, p. 882.

[21] Amelia Gamoneda, «Eloísa Otero: Conversaciones en la Biblioteca», presentación en la Biblioteca Sierra Pambley, León, 2005.

[22] Bice Mortara Garavelli, *Manual de retórica*, Madrid: Cátedra, 1991.

## La poética de Otero: espacio, escena conversacional, aquí/allá

No nos interesa un modelo normativo o explicativo forínseco a la escritura poética de Otero. Nos preguntamos por su poética como un *intratexto*, un texto implícito o posible, que subyace al discurso, a su propia palabra. Todo texto poético, digámoslo de forma demasiado súbita, contiene su poética: en términos de matrices históricas, culturales, pero también de una *escritura* que aunque deudora de tales matrices, es a la vez singular e irreductible a ellas; una escritura que aunque no *diga*, sí *muestra* algo sobre su propio proceder, de forma autorreferencial, performativa, incluso con frecuencia autoexplicativa.

Por ejemplo, respecto a la «poética del espacio» nos atenemos a lo que se lee en este verso: «Cambiar la casa, el cuerpo, la escritura», como tres espacios, diferenciados, pero acaso también complementarios, resonando los unos en los otros. Y orientados, por ello mismo, a la transformación mutua.

Hay una notoria continuidad en el tono conversacional de los dos poemarios de Otero, *Cartas Celtas* y *Tinta Preta*, directa y explícitamente epistolar en el caso del primero. Como señala Amelia Gamoneda, esta poesía manifiesta una «vocación conversacional –aunque disimulada bajo formas diversas– que necesita establecer un espacio de resonancia».

Pero el modo epistolar, y en general la recreación de un escenario conversacional con un interlocutor ausente, que si no tan acusadamente como en *Cartas Celtas* sigue ofreciéndose en *Tinta Preta*, remite como condición formal a una dislocación, a un doble espacio o espacio fracturado que es el de los sujetos separados de la interlocución: el *yo* que se autopresenta, el *tú* virtual al que se interpela:

> Pero las cartas –dices tú–
> son mucho mejores cuando ya no queda nada
> que contar.

> [...] Garrapateo.
> Los dibujos son para que recuerdes
> *Las noches de la luna llena:*
> *quien tiene dos casas pierde la cabeza,*
> *quien tiene dos amores pierde el corazón.*

Ni el destinatario, ni su lugar geográfico o enunciativo, están definidos fuera de las referencias a un espacio común de experiencias, de recuerdos, de conversaciones mantenidas. Es la forma misma de lo epistolar la que propone una parcialidad del sentido, un escenario dislocado (aquí/allá, yo/tú, ahora de la escritura/antes o después de la otra escritura-lectura...). Dice Amelia Gamoneda: «Privados de una parte de la correspondencia, a los lectores nos corresponde sólo una comprensión ambigua, o si se prefiere, una comprensión flotante, que no es malentendido, sino apertura significante de lo poético». Esta perspectiva necesariamente parcial, *a instancia de parte*, en que nos sitúa la poeta, tiene que ver, obviamente, con un efecto de *la espacialidad discursiva* en el sentido en que la mencionábamos respecto a la teoría de Benveniste. El espacio discursivo está partido, dislocado, y nos corresponde como lectores un papel ambiguo: el de un segundo destinatario, que podría acaso identificarse con el *tú* explicitado en el poema, incluso con el *yo*, en algún momento; o bien reconocerse como un testigo más o menos incómodo de una conversación ajena... Pues puede ocurrir también que llegue «el tiempo de hablar sin ser vistos».

Y, claro está, cada vez que las condiciones espaciales se alteran, se transforman también las temporales y las de la subjetividad. La forma epistolar proyecta siempre sentidos múltiples de *aplazamiento* (temporal), *desplazamiento* (espacial), *emplazamiento* (interpersonal). No sólo la correspondencia postal clásica, también el *e-mail* o el *chat* desfasan, desplazan, y por tanto modifican o desorientan al sujeto (¿una *différance*, en el sentido de Derrida[23]):

> Cuando por fin logro establecer comunicación
> con el *maclink*
> tecleo: *estás ahí,*
> sin interrogaciones,
> espero un rato
> *—la perseverancia será propicia—*
> hasta que la respuesta surge lenta-
> mente
> en la pantalla,

---

[23] Jacques Derrida, *Márgenes de la filosofía*, Madrid: Cátedra, 2003 (4ª ed.).

por el correo electrónico proliferan las erratas,
con paciencia
descubro este texto en medio de una sopa
de letras
y de signos:
*...pero ya no hay palabras... y no sé si estoy*
*en un tiempo anterior o posterior...*
*a las mismas...*

llevándole, incluso, al silencio:

hoy tampoco podré contarte
(nada hablado
nada por correo
nada por teléfono...)


## Espacios del lenguaje, de la escritura

En *Tinta Preta,* el lenguaje es espacio, pero no exactamente un espacio de «expresión» o de «representación»; al menos no de forma diáfana o inmediata. Ya hemos leído esa desdeñosa referencia a una «sopa / de letras / y de signos». En otros momentos se afirmará un sentimiento de alienación semejante: el lenguaje está fuera de mí –e incluso fuera de sí– y hay que hacerse sitio en él, no menos que en el tiempo: «Extrañamente colocados / en mitad de las palabras / y de las horas».

Ya en el primer poema, *preambular,* pues precede a la primera sección del libro, aparece una duplicidad ambigua de voces y de espacios, cruzada con una doble temporalidad: pasado/presente, ahora/ después, en una composición de gran relieve dramático:

El pasado ¿queda atrás? ¿o
inevitablemente sigue
formando parte de tu vida?

Tirar del hilo. Me aconsejas tirar del hilo.
Qué podría decirte ahora, después
de tantos años sin saber.
¿Era así y aquí donde teníamos que reencontrarnos?

En plena fase interrogativa
te desconozco.

«El pasado queda atrás» es un buen ejemplo de una metáfora espacial, a lo Lakoff-Johnson. Como lo será, en otro poema, la imagen del miedo que «surge detrás de ti». El doble signo de disyunción/interrogación («¿o») ha quedado sabiamente suspendido al final del primer verso. «Ahora, después», al final del quinto, confunden dos tiempos en otra igualmente certera secuencia encabalgada.

Como en otros poemas, Otero hace un uso peculiar de la alternancia entre la letra redonda y la cursiva, creando así espacios tipográficos que pueden servir a las funciones habituales de citación o de entrecomillado, pero que a menudo sugieren modos de discurso más sutiles: los versos en cursiva contienen expresiones dialógicas, pero pueden remitir acaso a un «aparte» o «monólogo interior», o sugerir una terminante retirada a la introspección.

Este juego de lo interior/exterior es fundamental en la poética del cuerpo, pero también en toda representación de la subjetividad: la idea misma de «expresión» se basa en la dialéctica de la exteriorización, de la transición de un imaginario espacio interno (de ideas, sentimientos, estados anímicos) a un espacio externo (de signos, gestos, cualidades). Pero en este poema hay que observar también la ambigüedad de la deixis personal, la posible confusión del sentido de «yo» y «tú»: leído como monólogo o diálogo interior, como pregunta a sí misma, el «tú» del verso 3 puede significar *mi*, frente a la forma más clara de segunda persona en el «decirte» del verso 5.

En esa sutil modificación de los modos y los límites de la enunciación, los dos últimos versos pueden leerse como metadiscursivos respecto al anterior, el séptimo: es en ese mismo enunciado interrogativo donde te desconozco. Es en el propio espacio de la enunciación donde se abre la herida del desconocimiento del otro.

El recurso a la diferencia tipográfica entre redondas y cursivas abre también la posibilidad de que la propia palabra aparezca como evocación o recuerdo de otra, sin más marcas explícitas de citación:

Los dibujos son para que recuerdes
*Las noches de la luna llena:*
*quien tiene dos casas pierde la cabeza,*
*quien tiene dos amores pierde el corazón.*

Incluso por el tono sentencioso de la doble aserción final parece hospedarse en el discurso la voz de un indeterminado enunciador ajeno.

El libro de Eloísa Otero se abre y se cierra con citas de poetas. La inicial, de H. M. Enzensberger, dice así:

> Porque de hecho es otro,
> siempre otro,
> el que habla,
> y porque aquel de quien se habla
> calla.

Los efectos de sentido derivados de la presencia en la propia voz de una voz enunciativa ajena son muy diversos, y no han dejado de ser explorados por el discurso poético, tanto como por el narrativo: desde el mostrarse extranjero en la propia lengua[24], algo que ya podía leerse en el título *Tinta preta*, hasta el de hacer que el propio texto suene como si fuera una traducción de otro. Es lo que según Steiner ocurre en las *Odas* de Hölderlin, en su ensayo sobre las traducciones que del griego hizo el poeta alemán y sobre la huella que tal actividad pudo dejar en su escritura de autor[25].

Hablando de Pessoa y de Breton, Miguel Casado hace observaciones sobre el «espacio de la escritura» que convienen también a la de Otero: es el espacio en el que «se alimentan mutuamente pensamiento y deseo, un espacio de escritura fuerte, poderoso aún en su certeza del límite»[26]. Me permito apostillar: *sobre todo y precisamente* por su certeza y su relación osada con el límite. El espacio de la escritura, precisamente por el trato con esos bordes de la enunciación, entre el sujeto que habla, el yo-mismo, y el otro, se torna escenario para la acción dramática, en un sentido que también fue afirmado por Nietzsche: el escritor es un cómico. También en la escritura se produce y escenifica un interior imaginario, un imaginario interior, que es justo lo que comúnmente llamamos, sin más, lo interior: tan atravesa-

---

[24]  Gilles Deleuze, *La imagen-tiempo. Estudios sobre cine, 2* (trad. de Irene Agoff), Barcelona: Paidós, 1987.

[25]  George Steiner, «Oltre il greco e il tedesco. La "terza lingua" de Hölderlin», en Sófocles, *Antigone,* Torino: Einaudi, 1996.

[26]  Miguel Casado, *Deseo de realidad,* Oviedo: Universidad de Oviedo, 2006, p. 40.

do de exterioridad como todos sabemos, y que los poetas son capaces de representar muy poderosamente a través del movimiento del sujeto implicado, de sus desplazamientos y transformaciones, de sus juegos de máscaras, de sus cambios de entonación.

En fin, el espacio del lenguaje, tanto como el de la escritura, son evocados y caracterizados en *Tinta Preta* como radicalmente problemáticos. Y aquí viene al caso evocar otro ensayo de Casado, el que lleva por título «Hablar contra las palabras»[27]. En *Tinta Preta* «La razón no está ya / del lado del lenguaje», «Las palabras / ya no son de fiar» «y la escritura es silencio». La «Imposibilidad del discurso» se afirma en el último verso de otro poema, y así sucesivamente.

Paradójicamente, pues, la intensa coloquialidad de Otero parece una expresión casi voluntarista de plantarle cara al nihilismo semiótico. Y además, el hecho de que la escritura arranque del silencio, y quizá termine en él, no niega el placer de escribir:

> Para qué contar, en realidad,
> que no hay nadie a quien llamar
> (y por eso se escribe,
> generalmente es así como se escribe ·
> hasta que uno descubre
> el placer de escribir
> –: qué te sucede y les sucede a otros–),
> por no tener a nadie a quien decirle nada.

## LA CASA, LO INTERIOR/EXTERIOR, ESE HORRIBLE ADENTRO-AFUERA

No abundan en *Tinta Preta*, a pesar de la referencia a «casa, cuerpo, escritura», las representaciones cronotópicas de la casa, de la morada. Y las que se hallan están lejos de satisfacer la imagen apacible, feliz, que indagaba el ensayo de Bachelard. En general escasean los cronotopos: algo previsible en unos poemas en los que el modo narrativo

---

[27] En Martín Muelas Herraiz y Juan José Gómez Brihuega (coords.), *Leer y entender la poesía: conciencia y compromiso poéticos*, Cuenca: Universidad de Castilla-La Mancha, 2002, pp. 109-127.

está sumamente contenido. Sí aparecen, más o menos incoadas, las figuras de la ciudad, el verano, el «clima húmedo» del «extremo oeste», el umbral (más aludido que explicitado), las arquitecturas megalíticas...

El buzón de correos, espacio tan ambiguo como la casa común, a la vez metáfora y metonimia de la morada, sirve en una ocasión para volver a escenificar un pasmoso juego de confusión entre los espacios enunciativos, los papeles comunicativos, los lugares del remitente y el destinatario:

> Te escribe a este buzón tan poca gente como a mí.
> Te escribo por tanto para que no tengas excusa
> para no contestar y no me ganes a cartas recibidas (aquí).
> Existe otra solución posible: puedes escribirme a
> tu nombre siempre y cuando se te ocurra poner el
> mío en el remite.

Como en otros momentos, en éste Otero parece trazar un razonamiento muy riguroso que conduce no al absurdo, sino a un efecto de sentido próximo al juego infantil. En este caso, me parece, cercano a esas crueles humoradas que confunden a los niños aún poco maduros en la complejidad de las funciones interlocutivas («tú eres tú, yo soy yo, ¿quién es más tonto de los dos?»), juegos de doble vínculo, en el sentido de Bateson[28], en los que «siempre se pierde», en los que los deícticos, yo-tú, lejos de satisfacer su convencional función señaladora, espaciadora, extravían la referencia en la indeterminación y el dislocamiento recursivo: «pero si tú eres yo...», «pero si yo soy tú...»

En el breve relato de Botho Strauss que encabeza la primera sección del libro también se da esa confusión en el espacio de la enunciación, que invierte el yo y el tú: el viejo escritor copia obsesivamente las cartas de su esposa que lo ha abandonado hasta que ya es imposible distinguir las originales y las reproducidas por él.

En el propio título «Calamita (piedra imán)» percibe Amelia Gamoneda una alusión a ese mismo desconcierto: el movimiento

---

[28] Gregory Bateson, *Pasos hacia una ecología de la mente*, Buenos Aires: Carlos Lohlé, 1976.

epistolar imanta hasta confundir los polos, a los interlocutores, a los contrarios. No olvidemos que «Quien tiene dos casas pierde la cabeza».

Los espacios son pues dúplices, confusos, reversibles, se contaminan entre sí: es lo propio de la experiencia de comunicarse, o de intentarlo. La comunicación es dislocada. Es también un efecto de la indecisión en las transiciones entre interiores y exteriores, ese «horrible adentro-afuera» de Michaux, es como siempre el sentido de lo liminar, la experiencia poética de los umbrales.

> Desolada:
> con descuido el jardín,
> la hojarasca...

> *Tantas horas pasamos ante el fuego*
> *que acabamos volviéndonos ceniza.*

> Entrar en depresión
> olor a pies
> el humo que se entretiene traspasando la lluvia.

Un exterior desolador, en el primer segmento; nuevamente la confusión de lo interior y lo exterior, del sujeto y el objeto, en el segundo; y por fin una intimidad que deprime y aflige a la sensibilidad no menos que el espacio externo: del mismo modo el humo de la chimenea y la lluvia, el adentro y el afuera, se entrelazan. En este poema, que sugiere la melancolía armoniosa de un tanka japonés, el desorden y la confusión se representan con simétrica elegancia.

Los espacios de la casa, el cuerpo, la escritura se ofrecen en mutua transformación: así se habla de «una pared tatuada», es decir de una casa como un cuerpo, o de la «cicatriz / en la tela, / sutura», a saber del trazo pictórico en el lienzo (una escritura) como una herida en la piel. O de la letra como desnudez corporal: «y yo siempre avergonzada / de esa letra / en la que me siento más desnuda que sin ropa». Si el espacio del cuerpo es vulnerable al daño o a su amenaza («como una piel que devorase / al propio cuerpo») ello ocurre quizá porque la descripción, generalmente tan contenida como la narración en los poemas de Otero, parece servir al propósito que, según recuerda

Deleuze[29], le asignaba el cineasta Godard: describir es observar mutaciones.

La relación interior/exterior, cuando atañe al cuerpo, a la relación propioceptiva con las propias sensaciones, al sentido de lo sentido, lleva consigo nuevas transformaciones:

> El origen de algunas angustias
> permanece a buen recaudo
> en el interior de una caracola.
> El dolor que descubrimos
> encallado ahí
> echa humo como una víscera caliente.

Aquí, la caracola, una entidad del mundo exterior a mi ser y supuestamente falta de toda conciencia o sensibilidad, da figura al ámbito del dolor, a la experiencia de doler. «Encallado», como un barco (el dolor navega, pues, y se estanca; y además la isotopía marina: caracola, encallar, extiende el ámbito de lo doloroso), humeando como víscera caliente, vuelve a unir lo más íntimo del cuerpo, las entrañas, con el exterior cosmológico.

Bachelard relacionaba la imagen de las conchas marinas con la vivienda: la concha es una «piedra habitada»; también con las imágenes del «salir», y por tanto, nuevamente, de la dialéctica interior/exterior que traspasa tantos campos ónticos. Según Bachelard, la imaginación científica encuentra en todo lo que tiene vida una ontogénesis de concha, una especie de principio vital arcaico[30]. Invirtiendo el recorrido positivo de la dialéctica de la vida, en un curioso juego de espejos con el poema que comentamos, en la página impar correspondiente a ésta, se habla de «cocer al gran bígaro», de una «reliquia marina invernando» y de «ahogar a todas las crisálidas».

TIEMPO Y ESPACIO, CUERPO Y NIÑEZ

> Sesión de fotos antiguas.
> El verano, la lluvia, las tardes en las pozas.

---

[29] Gilles Deleuze, *La imagen-tiempo...*, *op. cit.*, p. 34.
[30] Gaston Bachelard, *La poética del espacio...*, *op. cit.*, p. 147.

Todos recordamos hoy tiempos muy remotos,
invocamos el pasado,
asistió a la reunión.

Pura coincidencia: entre tú y yo
un lápiz alpino ya pequeño,
la punta afilada con una navaja
y el borde superior mordido, regaliz
de palo.

En los primeros cinco versos se traza una isotopía de temporalidad, en que lo antiguo, remoto, retorna. Incluso en el verso 5 el pasado parece convocado como un sujeto más que comparece en la reunión veraniega. En los siguientes cinco versos, el lápiz viene a dar una original figura simbólica a ese doble tiempo: pasado/presente, a través del doble espacio de sus extremos, de sus polos (nuevamente como en los imanes, una polaridad): punta/borde superior. Por un lado la punta afilada dispuesta para la escritura y el dibujo –las dos ocupaciones semióticas que atraviesan temáticamente la experiencia en presente de muchos de los poemas de *Tinta Preta*– y por el otro lado un borde mordido, espacial y figurativamente contrapuesto a la punta afilada, que devuelve al pasado, a la niñez, a través del cuerpo, de la boca, órgano aquí rumiante, mamantón. Pero el cuerpo, a través de la acción de la mano estaba ya activo en la operación de la navaja afilando la punta. Así que también se contraponen en esta analogía multiplicada la acción con la pasión, la mano activa con la boca pasional, la exteriorización expresiva con la interiorización cifrada en el acto alimentario, incluso el trabajo de las escrituras con el gozo de los placeres.

## DISTANCIAS, RECUPERAR EL SENTIDO DE LAS COSAS Y LOS DEMÁS, POLÍTICA DEL LUGAR

Pese a todo, pese a la insistencia en las distancias espaciales, temporales, interpersonales –como cuando se lee: «así marco las distancias», «Habrá que separarse ahora»…–, pese al acento en las distancias de la intimidad, Otero evoca también la intimidad de las distancias, y aún

más importante: el valor de significar algo para otro, y del espacio de
la subjetividad como de reconocimiento y de afectación mutua: «Sigo
sin saber, a fin de cuentas, /quién es alguien para alguien».

Esta demanda de dar sentido a las relaciones humanas no está ale-
jada de una aspiración más general a recobrar la realidad del mundo, a
pesar del que hemos llamado «nihilismo semiótico»; también a pesar
del miedo al que se alude en varias ocasiones («[...] cuando dices tu
miedo / el miedo se cumple...»). Otero invoca la necesidad de recuperar lo concreto («recorrer las calles / como calles concretas»), lo
singular, el acontecimiento: «...Dejar pasar las cosas, simplemente.../
(esas cosas)». Pues en efecto, cuando se habla de «calles concretas» se
presuponen unas «calles abstractas», y por tanto un espacio virtual
propio de otro orden de experiencia que acaso sea el que en el mundo
que vivimos usurpa la posibilidad de una experiencia de lo concreto.
Pese a lo lacónico de la sugerencia, me gusta reconocer en esta frase,
junto a la invitación al recorrido, el atisbo de una política del espacio,
es decir, de recuperación de lo situado frente a lo dislocado, del aquí
frente al lugar cualquiera. Pero de un aquí que no es inmediatamente
accesible, y que en nada se parece a la instantaneidad tecnológica o a
la urgencia presentista del consumo. Un aquí que contiene necesariamente el momento negativo de «ninguna parte» o de la parte negada.
«Lo que tiene lugar», que es el nombre común del acontecer, alberga
el pulso contrafáctico de «lo que no ha lugar», la impertinencia, la
alteración de las cosas y los «lugares comunes». No es extraño que
Nancy proponga la idea de que la *comunidad* es justamente «lo que
no ha tenido lugar»[31], y ninguna otra cosa sino esta misma puede
decirse, me parece, del *comunismo*: lo que no ha lugar, lo que no ha
tenido lugar. Lo que espera tener lugar.

A este respecto me viene a la memoria la contrafigura espacial del
*Erewhon* que Deleuze y Guattari citan de Samuel Butler: un anagrama del *No-where*, el no-lugar de la utopía, y el *now-here* (el ahora-
aquí) de la experiencia concreta y el acontecimiento[32].

---

[31] Jean-Luc Nancy, *La comunidad desobrada*, Madrid: Arena Libros, 2001, p. 29.
[32] Gilles Deleuze y Felix Guattari, *Qu'est-ce que la philosophie?*, Paris: Minuit,
1991, p. 96.

## TINTA CHINA, LA PINTURA

La última sección del libro, «Tinta china» toma como pre-texto (en sentido etimológico) la pintura del pintor Juan Rafael, a quien está dedicada.

Es difícil escribir poemas sobre cuadros sin incurrir en la *ékfrasis*, la mera descripción verbal, más o menos virtuosa, de las figuras visuales (cuyo modelo canónico es el extraordinario pasaje del escudo de Aquiles, en el libro XVIII de la *Ilíada*). Es difícil también eludir las invitaciones que una y otra vez a lo largo de los siglos despierta la sentencia horaciana: *ut pictura poiesis*. Pues bien, Eloísa Otero satisface de un modo peculiar la máxima de Horacio, precisamente para evitar el descriptivismo: su poesía es como la pintura a la que se refiere, la de Juan Rafael, en varios sentidos, y muy principalmente en el de explorar lo ilegible de la escritura, su enigma, aunque no para concluir en un simple desaliento, sino más bien para amplificar la potencia poética del texto en tanto que invitación al viaje, al sentido gestual, en tanto que apelación al cuerpo:

> ROBAR LA MIRADA
> Cuando la mirada es un viaje
> lleno de desatinos:
>
> danza gestual,
> sin freno,
> del escrutador que no adivina
> que sólo lo descifrable
> por la mano
> sigue siendo tacto,
> cicatriz
> en la tela,
> sutura.

La noción de red (que en una versión similar cité antes de Kristeva) reaparece: el cuadro es una «red de conexiones invisibles» del mismo modo que «la escritura es silencio / y se incorpora / a la materia». Y no sólo silencio y fosilización: el cuadro, no menos que la palabra y la escritura, es también el espacio de lo ilusorio, de la simulación, de la falsedad: «maquillaje narrativo, / espejismo semántico».

Espejismo como el de esa ventana blanca del cuadro de Juan Rafael
(ver figura), que parece arrojar luz sobre los signos indescifrables del
fondo para finalmente evidenciar aún más intensamente su ilegibili-
dad, como un palimpsesto en que la escritura que encubre a otra anterior es a su vez escritura encubierta, ilegible.

Apenas hay *ékfrasis*, descripción, y sí en cambio exploración del
*pensamiento* inscrito en el propio espacio de la pintura. Y exploración de la mirada, cuya actividad precede a las formas. Y del acto de
pintar y representar:

> Sobre la tela un simple trazo.
> *Un nudo en una red de conexiones invisibles.*
>
> Velocidad de la mirada
> hasta reconocer, de pronto,
> las formas.

En tanto que orientado al acto mismo de pintar, más que al producto o a la representación de la pintura, el precepto *ut pictura poiesis*
de Otero se satisface en una especie de «poesía de acción» que trataría
de dar réplica a una *action painting* del pintor:

> Los signos:
> esos que brotan
>
> casi por azar,
> manchas de brocha,
> perfil de espátula,
> se colocan
> en un espacio vacío
> y la narración es ininteligible,
> aunque expresiva.
>
> Necesidad infinita del habla.

* * *

> *...y ni la lluvia logra embarrar las huellas*
> *de una escritura anterior a la palabra*

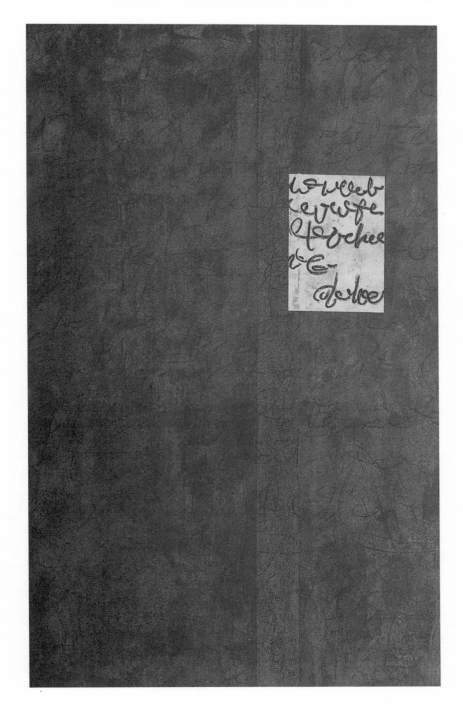

*escritura que nada transcribe ni comenta*
*inconvertible en sonidos*
*deriva caligráfica.*

El expresionismo queda aludido. Y reiterada la idea del «espacio vacío» como punto de partida. También una necesidad de palabra que, paradójicamente, encuentra su término en una «escritura anterior a la palabra», intraducible lingüísticamente, puramente caligráfica. Ya en una sección anterior del libro la caligrafía cifraba el último recurso frente a la insatisfacción de la palabra: «Pero con tus cartas voy a hacer una libreta / de caligrafías superpuestas».

También, en cuanto recintos de pensamiento y espacios para orientar la reflexividad y la búsqueda del sentido, los cuadros son mapas. Aunque, nuevamente, mapas mudos o que representan códigos secretos. El último poema del libro explicita la importancia de lo liminar, el sentido del umbral que atraviesa toda la obra:

A veces sucede:
traspaso el umbral
me cuelo en ese espacio donde el sonido no circula
y el pensamiento es sueño que ni se pronuncia.

Traspasando el umbral no se accede a la fantasía carrolliana del otro lado del espejo, sino nuevamente a un «espacio donde el sonido no circula», donde sueño y pensamiento se confunden sin voz.

Para terminar, nuevamente el bilingüismo: una cita de Manoel Antonio habla de la incertidumbre y del retorno cíclico de las brumas («Dispóis xa non se sabe.../ Deica que volvan as brétemas»). La niebla cosmológica se sobrepone a la que envuelve, en el espacio múltiple de la palabra, del cuerpo, del amor, del arte, la necesidad siempre insatisfecha de trazar con tinta oscura el sentido de nuestra frágil existencia.

# La forma esquiva:
# poesía e indefinición estética
# en las artes actuales
*Nora Catelli*

Hay una ley, no siempre aceptada con alegría, en las artes del siglo XX y principios del XXI: todas necesitan de un poderoso aparato crítico. Esto no tiene que ver sólo con el hermetismo de alguna corriente, con la oscuridad y libertad de las alusiones, figuras u organizaciones gráficas sorprendentes o extravagantes en ciertas manifestaciones verbales. También los estilos poéticos planos, coloquiales y hasta decididamente prosaicos parecen necesitar comentario, paráfrasis o aclaraciones.

A pesar de esta evidente necesidad de hacer explícitos, para la comprensión del arte, los procesos de discriminación formal e intelección conceptual, existe hoy una fuerte suspicacia respecto de esta práctica. Tras los programas de las neovanguardias de los años sesenta y setenta, cuando poetas y artistas actuales expresan rechazo por la crítica –lo cual sucede con frecuencia– esto se debe, en general, a dos razones: o han sufrido objeciones a sus obras o practican un arte convencional, de tipos reconocibles e inertes, que apela, más que al lector, al mercado. Existía antes un contrapeso para estas dos actitudes de repudio de la crítica: la escrupulosa y un poco mortuoria sanción universitaria. No era fácil ser incluido en la jerarquía de las lecturas obligatorias o constituirse en objeto de estudio, lo cual constituye una actividad de sistemático escrutinio sobre la poesía. Pero ese contrapeso ha perdido su función, porque los estamentos académicos incorporan, a veces con mayor celeridad que los menos institucionales, nombres no consagrados, aunque, en general, ya celebrados por los medios de comunicación o el mercado editorial.

Por eso se ha desplegado un espacio amplísimo, de reveladora incertidumbre, no sólo para el poeta, sino para el crítico. ¿Hay tradiciones de lectura que permitan definir la experiencia estética cuando se accede a lo contemporáneo entendido, como señala Giorgi Agamben, como percepción de lo arcaico en el presente? ¿Qué tipo de tradiciones serían? ¿Qué diferencias mantienen esas lecturas actuales, dubitativas y sin un horizonte previo, con el rigor de la tradición de la alta poesía, que culminó, hace treinta o cuarenta años, con nombres como Paul Celan en la poesía europea o Wallace Stevens en la norteamericana?

## La tradición moderna: nacionalidad y transversalidad

Dentro de este cambio del horizonte de exigencias, dos son las vertientes fundamentales que permiten situar la lectura de poesía contemporánea en la red estética: una es el linaje nacional, el diálogo con esa férrea, indeseada pero insoslayable secuencia de antecesores inmediatos que dibuja, más allá de proclamadas voluntades de trascender fronteras, la dicción y, en muchas ocasiones, el entramado figurativo de cada poeta.

La otra vertiente ha tenido que ver con el espíritu del tiempo, que a veces entra en colisión con la tradición nacional; el espíritu del tiempo no se reconoce en determinada flexión verbal o territorial, sino en el modo en que el poema atrapa, en sus silencios o en sus presencias, la vivencia del presente. Esta vivencia, en la modernidad, se había expresado, como nunca antes, en su ligazón con la Historia, ya como aquello que se nombra, ya como aquello que se calla. Por eso, en el arco que va desde el simbolismo y las primeras vanguardias hasta las artes de los años sesenta y setenta del siglo XX, cuanto más débil un poeta, cuanto más convencional su poesía, menos reconocible era su ligazón con la Historia. Hay que recordar que, al contrario de este vínculo moderno entre poesía e Historia, la tradición clásica, hasta el neoclasicismo al menos, había constituido un mundo de una autosuficiencia formal hoy inimaginable.

No obstante esta larga vigencia, la tradición moderna entró en crisis o, al menos, se debilitó cuando la fuerte exigencia de las vanguardias y las neovanguardias perdió su potencial de control hegemónico de los procedimientos poéticos. El problema actual, como sabemos, es la fragmentación y disolución de la tradición moderna, que no parece ser actualmente la única manera de autorización del poeta. Más aún: lo moderno —su estética, sus exigencias, sus programas— son puestos en crisis en las diversas tradiciones nacionales. Por eso el título de este trabajo: lo que se ha tornado esquivo es la definición de la forma, su apresamiento en la exigencia estética. No hay un recurso general para hacer presente esta dificultad, que me parece definitoria de la crítica de poesía. Por eso propongo analizar esa indefinición —lo que he denominado «forma esquiva»— en un poeta, en unos poemas, en su tradición nacional, en su diálogo con la experiencia del tiempo histórico y en su apresamiento de los recursos poéticos.

El poeta es el argentino Edgardo Dobry, nacido en Rosario en 1962, que vive en España desde 1986, hace crítica de literatura en diversos medios, traduce ensayos y poesía, estudió Letras en Rosario y se doctoró en la Universidad de Barcelona con una tesis sobre Leopoldo Lugones y las polémicas de la lengua nacional en la Argentina del Centenario de la Revolución de Mayo que culminó en la Independencia (1910). Ha publicado, además de un interesantísimo libro de ensayos (*Orfeo en el quiosco de diarios*, 2007), tres volúmenes de poesía: *Tarde del cristal* (1922), *Cinética* (1999) y *El lago de los botes* (2005). «Tarde del cristal» es un verso de Jorge Guillén; mientras que los epígrafes de *Cinética* eran de Baudelaire y de Browning y ambos aludían a las tareas del poeta. Captar «un trozo de cielo entre dos chimeneas» —o sea, la mirada en la ciudad— pertenecía al primero y «Sing, riding's a joy» —o sea, el bardo que galopa al viento— al segundo. Por fin, *El lago de los botes* está precedido por una cita de Montaigne («Oh, maravilla: tenemos muchos más poetas que jueces y críticos de poesía. Es más fácil hacerla que conocerla») y otra de Wordsworth, que acaba con una crudeza sin paliativos: la poesía no salva del «Unprofitably travelling toward the grave», o sea, de la «travesía inútil hacia la tumba».

Dibujar este marco de epígrafes no es banal: los poetas no hacen poesía todo el tiempo. También estudian; y los epígrafes son marcas de estudio. Los poetas pueden estar escondidos en el campo, dedicarse a la enseñanza, vivir sin moverse o moverse mucho, pueden tener formación académica o ser autodidactas. Esta última categoría es importante, porque la huella de la lectura siempre aparece y exige comentario, sea como sea el proceso de formación del autor: ¿es sistemático o aluvional, jerarquizado o caótico? Además, la poesía argentina posee –más bien, poseía– un número notable de autodidactas; de hecho, lo fue parcialmente el escritor ensayista, narrador y poeta más importante de la Argentina de los últimos cuarenta años, Juan José Saer. Lo eran los tres poetas de la generación anterior a la de Dobry, Daniel Samoilovich, Arturo Carrera y, en parte, Diana Bellessi. En cambio, en la generación de Dobry, que integran, entre otros, Martín Prieto y Daniel García Helder, la formación académica se volvió habitual. Todos ellos han cursado estudios superiores y en la mayoría de los casos los han terminado. De manera que se puede pensar que incorporan una visión sistemática e histórica de la tradición literaria tan ligada a la elección personal como al oficio universitario. Por eso se les puede atribuir una suerte de ansiedad especial, doble, acerca de la forma. No porque sean mejores o más consumados artífices que las generaciones anteriores, sino porque deben articular su hacer de poetas con una mayor conciencia del pedestal universitario.

En el caso de Dobry, esa característica argentina se ve ahondada, justamente, por lo extendido de su residencia en Cataluña. Si hay un rasgo que Dobry ostenta en todas las vertientes de su labor, es la conciencia del vaivén, la estrategia de convertir la exterioridad en parte de la reflexión sobre lo nacional. Como dato: no es casual que, en las páginas del *Diario de Poesía* de Buenos Aires, él haya hecho, junto con Daniel Samoilovich, una de las más extensas y profundas aproximaciones al poeta catalán Gabriel Ferrater. La residencia de veinte años en Barcelona, junto con sus estudios, ha aumentado su conciencia plural de los dialectos americanos del castellano, la pugna con el castellano peninsular y la convivencia y conflictos en contextos bilingües. Esto hace que debamos leer cada poema, cada oscilación entre cultismos y coloquialismos –movimientos visibles en su proyecto poético– como una experiencia formal que deriva en una estética basada en la oscilación de registros y en la aguda utilización de la historicidad de sus figuras. En este segundo rasgo, en la conciencia de que la elaboración retórica tiene una historia y esa historia no debe ocultarse en el poema, Dobry sigue siendo un moderno. Nunca finge que la lengua surge sólo de la calle, sino que más bien advierte que la calle fagocita la lengua en lo que ésta tiene de muerta. Frente a la afirmación voluntariamente populista de la ausencia de planos, de borramiento entre alta y baja literatura, Dobry convierte el movimiento entre planos, entre lo alto y lo bajo, en su estética. Estética, no poética: se trata sobre todo de hacer visible su sistema de lecturas; en suma, de reconocer la herencia, de articular su recepción. Nada de adanismo, de espontaneidad, de juego de esponja callejera. Todo lo contrario: voluntaria tensión entre el exabrupto y la cita, entre la reelaboración de una metáfora datada y su actualización a través de las alusiones.

Un primer ejemplo de oscilación (ver «Apéndice«) se da en el primer poema de *El lago de los botes* («Mandado») –cuya métrica se mantiene en una longitud casi fija– que muestra una de las facetas del vaivén, pero no lo agota:

> Tendría unos nueve años
> la tarde que mi madre
> me dijo andá a la frutería
> de la otra cuadra y traeme
> un quilo de esas peras que Agustín
> robó en Tagaste en el año 370.
> Fue mamá ella misma esa vez
> la que dijo quedate con el vuelto.

En este caso, la oscilación entre la gran tradición y la anécdota se realiza, en apariencia, únicamente en el desarrollo narrativo del poema. Pero en el penúltimo verso la vivencia familiar se mueve hacia el proceso de lectura de las *Confesiones* y la modifica: el pecado de San Agustín –el robo– se torna laxa complacencia materna y la cita se vuelve ligera admisión antisolemne de la lectura como intercambio filial. Además, «madre» se transforma en el penúltimo verso en «mamá».

El segundo ejemplo es mucho más atrevido, y nos retrocede a la cita de la tradición escolar argentina, presente ya desde el título, que pertenece a Leopoldo Lugones, «La casita del hornero». Cabe aquí una nota para extranjeros: el hornero es un pájaro industrioso que construye un nido de adobe de dos habitaciones en las ramas o en los postes de alumbrado; el poema –epítome de la literatura nacional– lo utiliza para poner en marcha el contraste entre lo que en el verso catorce del poema se nombra como «la Argentina verdadera», y la tierra de los primeros versos, que es la «Asociación Israelita de Beneficencia» donde los niños de la comunidad judía de Rosario pasan los domingos. Lo que se contrasta son dos dimensiones: la tierra confinada de la «quinta de Funes» y la tierra sin límites que está fuera y que se expresa, sobre todo, en la ausencia de los viejos judíos que duermen al sol. En la «Argentina verdadera» no hay viejos, no hay pasado: sólo «ratas en los nidos de los pájaros y víboras a la búsqueda de ratas». Los niños se liberan del peso de la culpa y marchan entre «explosión de risas». El poema es celebratorio, hasta cierto punto, aunque la celebración se vuelve irónica, burlesca, cuando se cierra, casi de modo cruel, con los primeros versos de Lugones: «La casita del hornero / tiene sala y tiene alcoba», lo que reintroduce, a través de la risa, otro encierro: no el de los viejos judíos en la quinta sino el de la lengua poética prisionera del ritmo escolar.

El tercer ejemplo es una evocación frustrada: describe una ceremonia que no tuvo lugar, lo cual desmonta la aparente voluntad evocadora del poema, titulado «Historia de un bar mitzvá». Para empezar, el Bar Mitzvá, rito judío de iniciación masculina, no se realiza: el poema desarrolla la historia de esta inexistencia a través de centelleos de una educación adolescente, con bicicletas que dejan de servir e identidades incompletas. La voz del poema atribuye a la madre las ansias de asimilación al mundo de los «goim» que sus propios antecesores le habían negado; pero esa misma voz reproduce después un diálogo con el padre, que a su vez ofrece una explicación del rito frustrado que es, casi, un chiste de judíos. En realidad, el Bar Mitzvá era complicado y caro («necesitabas un rabino para preparar la ceremonia y había que hacer un banquete con orquesta»). La lengua del poema, el más largo de los aquí comentados, es a la vez prosaica y dura, aunque no siempre directa. De hecho, todo el poema es una afirmación del linaje moderno, disfrazado de casualidad posmoderna, si es que tal cosa existe. Empieza con una metáfora extensa incompleta que se apoya tácitamente en un magno poema de 1915, «La canción de amor de J. Alfred Prufrock», de T. S. Eliot, con su célebre y certera imagen de la vejez, plasmada como arremolinarse del pantalón sobre el zapato a causa de la mengua de la estatura. Dobry la convierte, al revés, en imagen de la juventud como espacio desnudo del tobillo que no cubren ni las medias ni el pantalón: lo que en el poema de Eliot decrece, aquí crece. Pero crece no para la exaltación sino para la sátira. Por eso termina, no por casualidad, en forma de diálogo, como una suerte de reelaboración del monólogo dramático que Eliot rescató de Robert Browning y que el propio Dobry ha traducido y comentado.

Hay otros poemas de *El lago de los botes* –«TMB»– donde el vaivén, sintomáticamente, tiene lugar en la incrustación de varias metáforas perfectas, greguerías, que, como sabía Gómez de la Serna, exigen la presencia de la definición. Por ejemplo: «Di: el estruendo estéril de avión. / Di: ese grito de tormenta evaporada». La secuencia de estos dos versos instala, además de la contigüidad de referencia («estruendo estéril del avión» y metáfora («grito de tormenta evaporada»), un espacio de interlocución entre el poeta y el poema («Di»/«Di»); otro modo del vaivén. En este caso, eso le permite escenificar la posibilidad de seguir fabricando –y socavando– metáforas, que diversas corrientes de las vanguardias históricas llevaron hasta la exasperación y el agotamiento. Dobry lo realiza, lo rebaja, y lo abandona, pero da al poema el espacio del recuerdo de la figuración: ésa es la función del poeta.

## LA FORMA PENSADA

En 1956 el comparatista alemán Hugo Friedrich publicó *La estructura de la lírica moderna*, un clásico de la crítica del siglo XX, equivalente a *Mimesis: la representación de la realidad en la literatura occidental* de Erich Auerbach, redactada, como se sabe, un poco antes, en los años más negros de la Segunda Guerra Mundial. Obras ambas signadas por un espíritu crepuscular, marcadas ya por la traumática crisis de la conciencia europea y al mismo tiempo, o quizá por ello, inagotables. Sus horizontes sirven, aún hoy, para reconstruir o, al menos, comprender el final de los proyectos modernos y la fragmentación posterior a la que pertenece esta característica del lenguaje poético que he denominado «forma esquiva», un modo de plasmación en el poema que finge querer sustraerse a la especificidad estética.

Los rasgos que Friedrich describe, a partir de Baudelaire y hasta mediados del siglo XX, como característicos de la lírica moderna, son en general antitéticos: fiesta del intelecto y fracaso del intelecto, estilo no congruente y coherencia formal, ausencia de pertinencia y exceso de referencia, imprecisión y determinación, celebración y rechazo de la técnica, deshumanización y humor, coloquialismos y magia, realismo y hermetismo.

A pesar de su carácter opositivo, existe un denominador común que a todos los une: el proyecto moderno admitía dos direcciones en la lírica, siempre que ellas incorporasen el sentido de la Historia, que no es un decorado sino una aguda percepción –no reproducción– del mundo. Del mismo modo, afirma Friedrich, que la civilización técnica vincula unos con otros los espacios materiales, la poesía instaura una relación íntima entre elementos que son, materialmente, del todo inconciliables. En este contexto la pregunta por la forma y la conciencia de que esa pregunta, aunque no defina lo estético, debe guardar su exigencia, es una de las características que no puede prescindir del sentido de la Historia. Sólo históricamente se comprende la tradición, que es parte de la experiencia de la cultura y, por ello, condición de la vivencia de lo formal. En ese aspecto, Friedrich no cierra nunca el abanico de la descripción de los estilos, mientras esos estilos tengan que ver con la aspiración estética.

No siempre esta exigencia, expuesta hace más de cincuenta años, parece explicar las diversas corrientes que en la actualidad disputan el lugar de una dicción poética que sea audible y, sobre todo, formalmente densa. Una de las diferencias con ese pasado inmediato que describió Friedrich es que en ocasiones los escritores han querido desprenderse del *pathos* histórico que supone la oscilación antitética en aras de un presente sin fisuras, sin vivencia de lo contemporáneo, lo que puede llevar a la imitación de la lengua corriente o a su exacto revés, un parnasianismo *naif*. Pero algunos continúan manteniéndose en la aspiración, sin abdicar de su demanda; los poemas de Dobry se inscriben en este espacio de interrogación. Cuando la forma se vuelve esquiva –y ésa es la característica de nuestro tiempo– el pensamiento de la forma provee de los instrumentos para atraparla y transformar la lectura –que es siempre una operación sobre el pasado– en el procedimiento para restaurar el impulso de la búsqueda. Tal vez eso sea todo lo que se puede pedir al poeta; pero nunca menos.

# APÉNDICE

## MANDADO

Tendría unos nueve años
la tarde en que mi madre
me dijo andá a la frutería
de la otra cuadra y traeme
un quilo de esas peras que Agustín
robó en Tagaste en el año 370.
Fue mamá ella misma esa vez
la que dijo quedate con el vuelto.

## LA CASITA DEL HORNERO

«Vamos a juntos quinotos», decía mi primo Horacio
pero lo que de verdad quería
era treparse y arrancar nidos de hornero,
del susto se cayó desde una rama alta
la vez en que una rata
le bajó corriendo por el brazo,
contra el pasto escucho todavía
el ruido hueco de la espalda.
La quinta de Funes era el gran solarium
de la Asociación Israelita de Beneficencia;
mientras los viejos se hundían en narcótica
modorra a la sobremesa del asado
saltábamos el alambre estrellado del fondo
para entrar en la Argentina verdadera:
sulkis oxidados, olor a tambo,
pirámides los hormigueros,
arañas como sapos, perros
silvestres, ratas en los nidos de los pájaros
y víboras a la búsqueda de ratas.
Se marchaba
cantando entre explosión de risas

si traíamos un nido de trofeo
esa oda boba de Lugones
aprendida en la primaria de memoria:
«La casita del hornero / tiene sala y tiene alcoba...».

## HISTORIA DE UN BAR MITZVÁ

Los pantalones se fueron alargando
a medida que las medias se acortaban,
así la franja que pasaba frío
quedaba cada vez más cerca del tobillo
hasta que las botamangas besaron los empeines
y la infancia por fin se terminó.

La bicicleta verde a piñón fijo
que obligaba a pedalear sin tregua
se quedó chica y vino la plegable,
con ella empezó la época empacada,
pródiga en caducas decisiones
antes incluso de rozar el mundo
y en cuanto a las que perduraron
tenían raíces de arrepentimiento.
No haber hecho el bar mitzvá, por ejemplo:
tan cultivada conciencia en que éramos
distintos de los goim que llenaban
el aula de mi gentil escuela
para al final no haber hecho el bar mitzvá
(y no ser ahora, al cabo de los años,
ni siquiera un judío completo,
si es que la completud puede ser propia de un judío).

Durante años me pregunté por cuál
motivo Madre se obstinaba con jasídico rigor
en mandarme a Hebraica la tarde de los viernes
(se hacía la ceremonia del sabbath, acto seguido
se jugaba a fútbol de salón),
y respetó en cambio la protesta

de laicismo lanzada por un chico
que estrenaba sus primeros pantalones
largos (eran unos Lee azules comprados
a plazo y con descuento en El Castillo,
un negocio oscuro y polvoriento
que regentaba tío Isaac, oriundo de Varsovia).
A lo largo de los años transcurridos
las posibilidades todas evaluaba:
por no breve tiempo persuadime
de que Madre había impreso
sobre mi no hacer el bar mitzvá
sus propias ansias de asimilación:
su tardía reacción a la obcecada
negativa de su padre, el Sheide,
a hablar en cualquier cosa que no fuera yiddish
—sólo puedo recordarlo la noche del kol nidre
hamacándose sobre un pupitre con su nombre
en la profunda sinagoga de la calle Paraguay,
el resplandor del talef
trazaba una estela en la penumbra.

Hace poco me acosté una tarde al lado
de Padre (los dedos de ambas manos entrelazados
sobre el pecho) y le pregunté por qué
Madre, treinta años ha...
Padre giró un segundo
la cabeza y después volvió a mirar al techo
(tenía las manos abiertas debajo de la nuca):
«Pero necesitabas un rabino para preparar la ceremonia
y había que hacer un banquete con orquesta...»

Edgardo Dobry, *El lago de los botes,* Barcelona: Lumen, 2005.

# Los autores

Gonzalo Abril, doctor en Filosofía, es catedrático de Periodismo en la Universidad Complutense de Madrid, y ha ejercido la docencia en otras universidades españolas y latinoamericanas. Es autor de: *Análisis crítico de textos visuales: Mirar lo que nos mira; Cortar y pegar: la fragmentación visual en los orígenes del texto informativo; Presunciones: ensayos sobre comunicación y cultura* (I y II); *Teoría general de la información: datos, relatos y ritos; y Análisis del discurso: hacia una semiótica de la interacción textual.*

Miguel Casado es poeta, ensayista y traductor. Como poeta ha publicado: *Invernales; La condición de pasajero; Inventario* (Premio Hiperión); *Falso movimiento; La mujer automática; y Tienda de fieltro* (2004). Su escritura crítica se recoge en las ediciones de Antonio Gamoneda o José-Miguel Ullán, y en volúmenes de ensayo como *La puerta azul: las poéticas de Aníbal Núñez, Del caminar sobre hielo; La poesía como pensamiento; El vehemente, el ermitaño: lecturas de Vicente Núñez; Ramón del Valle-Inclán, Archivos (Lecturas, 1988-2003); Los artículos de la polémica y otros textos sobre poesía; o Deseo de realidad* (2006). Ha traducido, entre otros, a Verlaine, Rimbaud y Francis Ponge.

Nora Catelli es profesora de Teoría Literaria y Literatura Comparada en la Universidad de Barcelona, profesora invitada en las Universidades de Buenos Aires y Rosario y profesora visitante en la Universidad de Nueva York. Ha prologado autores como Idea Vilariño, Virginia Woolf, George Eliot o Franz Kafka, y ha publicado, entre otros, los siguientes libros de ensayo: *El espacio autobiográfico; El tabaco que fumaba Plinio. Escenas de la traducción en España y América: relatos, leyes y reflexiones sobre los otros* (en colaboración con Marieta Gargatagli); *Testimonios tangibles: pasión y extinción de la lectura en la narrativa moderna* (Premio Anagrama de Ensayo); y *La era de la intimidad.*

JOSÉ MANUEL CUESTA ABAD, doctor por la Universidad italiana de Bolonia, es profesor de Teoría de la Literatura y Literatura Comparada en la Universidad Autónoma de Madrid. Entre sus publicaciones, cabe destacar títulos como *Teoría hermenéutica y literatura; Ficciones de una crisis: poética e interpretación en Borges; Las formas del sentido; Poema y enigma; La escritura del instante; La palabra tardía: hacia Paul Celan; Juegos de duelo: la historia según Walter Benjamin; Teorías literarias del siglo XX;* y *Ápolis: dos ensayos sobre la política del origen* (2006).

AMELIA GAMONEDA LANZA es profesora de Literatura Francesa en la Universidad de Salamanca, colaboradora de crítica literaria en *Revista de Libros* y, ocasionalmente, traductora de poesía francesa (Le Men, Mallarmé, Ancet). Estudiosa de la última literatura francesa actual, ha publicado *Marguerite Duras: la textura del deseo* y el reciente *Merodeos: narrativa francesa actual* (2007).

ESPERANZA LÓPEZ PARADA, profesora de Literatura Hispanoamericana en la Universidad Complutense de Madrid, es poeta, traductora y crítica literaria. Ha publicado *Una mirada al sesgo: la literatura hispanoamericana desde los márgenes* (1999) y su tesis doctoral, *Bestiarios americanos: la tradición animalística en el cuento hispanoamericano.* Sus principales libros de poemas son: *Los tres días, El encargo* y *La rama rota* (2006). Ha colaborado en los principales suplementos literarios españoles (*El País, ABC*) y ha traducido, entre otros poetas, a Jules Laforgue y Saint-John Perse.

ANTONI MARÍ, catedrático de Teoría del Arte en la Universidad Pompeu Fabra de Barcelona, es poeta, ensayista y narrador, habitualmente en lengua catalana. Como poeta ha publicado *Un viatge d'hivern* (Premio Nacional de la Crítica), *El desert* (Premi Cavall Verd per a la poesia) y *Tríptic des Jondal* (2003). Su producción ensayística comprende títulos como *El entusiasmo y la quietud, La voluntad expressiva* (Premio Nacional de la Generalitat de Catalunya), *Formes de l'individualisme* (Premio de la Crítica Serra d'Or) o *La vida de los sentidos: fragmentos de una unidad perdida*. Ha publicado igualmente *Dictados y sentencias*, una antología del pensamiento de María Zambrano y, entre sus libros de narrativa, figuran *El vaso de plata* o *El camí de Vincennes*.

PEDRO PROVENCIO es poeta, crítico y profesor. Ha publicado, entre otros libros de poesía, *Embrión, Deslinde, Modelado en vacío, Eso y nada* o *Ciento cuatro días*. Ha traducido, entre otros autores, a Charles Baudelaire (*Las flores del mal*) y a Jean Follain (*Espacio del instante*), y es responsable de las antologías *Poéticas españolas contemporáneas* y *Poesía erótica española e hispanoamericana*. Su última publicación es el libro de ensayos *Buenas noticias para el lector de poesía* (2005).

WILLIAM ROWE, profesor de poética del Birkbeck College de la Universidad de Londres, es autor de *Siete ensayos sobre poesía latinoamericana, Ensayos vallejianos,* y otros libros de crítica. También poeta en inglés, ha traducido a Raúl Zurita, entre otros escritores latinoamericanos. Actualmente prepara un libro sobre las prácticas de la poesía de América Latina después de 1950.